W0048981

**Gebrauchsanweisung
fürs Reisen mit Kindern**

Jana Steingässer

Gebrauchsanweisung
fürs Reisen mit Kindern

PIPER

Mehr über unsere Autoren und Bücher:
www.piper.de

ISBN 978-3-492-27720-4
© Piper Verlag GmbH, München 2018
Redaktion: Antje Steinhäuser, München
Satz: Fotosatz Amann, Memmingen
Druck und Bindung: CPI books GmbH, Leck
Printed in the EU

Inhalt

»Wo kommt ihr her?«, will der albanische Busfahrer wissen, der auf der staubigen Passstraße neben uns und unseren Pferden hält.

»Aus Gjirokaster!«, antwortet Kristina.

»Und wohin reitet ihr?«

»Nach Gjirokaster!«

»Und was habt ihr unterwegs erledigt?«

»Nichts.«

»Nichts? Und warum reitet ihr dann zwei Wochen lang von Gjirokaster nach Gjirokaster?«

Begegnung in Albanien, Juli 2017

1+1=2, 2+1=?

Fragen Sie mich! Bitte, tun Sie mir den Gefallen und fragen mich: nach einem der schönsten aller Erlebnisse, das das Reisen mit Kindern für mich auf den Punkt bringt. Die Antwort wird Sie vielleicht überraschen, denn sie ist auffällig unspektakulär, aber sie bewegt mich trotzdem noch heute, etwa fünf Jahre später.

Sermiligaaq, Ostgrönland. Das Holzhüttchen, das auf nacktem Fels über dem Fjord thront, ist für einige Tage unser Zuhause. Fließendes Wasser gibt es hier nicht – in keinem der Häuser. Während Jens mit Kanistern über die Felsen absteigt zu dem beheizten Tank in der Mitte der Siedlung, zwischen Schule, »Pilersuisoq« (einer grönländischen Supermarktkette) und verrottenden Walknochen, die vor einer der Hütten vom weit zurückliegenden Jagderfolg zeugen, schiebe ich die vergilbte Spitzengardine zur Seite und schaue ihm nach.

Heute ist der Himmel grau. Und so fühle ich mich auch. Die ganze Nacht hat mich das Geheule der hungrigen Schlittenhunde geplagt, haben quälende Fragen an mir genagt. Ist Grönland wirklich ein geeignetes Reiseziel für eine sechsköpfige Familie? Was, wenn unsere Kinder mit Kälte, Eis und Schnee nicht zurechtkommen? Wenn Eisbären unseren Weg kreuzen oder einer der gefürchteten Stürme ausgerechnet jetzt wie eine Dampfwalze vom Inlandeis kommend über die Siedlung rollt? Das ist einer der Momente, in denen ich am liebsten wieder zu Hause wäre.

Lange Zeit zum Trübsal blasen bleibt mir nicht. Hinter mir toben Hannah, Mio und Frieda wie wild gewordene Welpen durch den kleinen Raum, während Paula versucht, mit ihrem E-Book-Reader ein ruhiges Plätzchen zu finden. Was für ein Irrsinn, denke ich. Jens kommt gerade in dem Moment zur Tür herein, als Frieda übermütig ihren Stoffbeutel voller bunter Loom-Armbänder auf dem Boden ausleert. Meiner Tirade entkommt sie nur, weil hinter Jens nun auch noch zwei wildfremde Menschen auftauchen. Jugendliche Inuit mit coolen Frisuren und lässig weiten Klamotten wippen im Rapper-Schritt in unser Chaos herein.

»Hi, I am Odin«, sagt der eine.

»Rasmus«, stellt sich der zweite vor.

Jens sieht meinen fragenden Blick.

»Hab' die beiden am Wassertank kennengelernt. Sie haben mir stolz gezeigt, an welchen Stellen sie heute Nacht Bindfäden durch die Haut an ihren Armen und Beinen genäht haben.«

Na super!

»Den beiden ist, glaube ich, ziemlich langweilig. Vielleicht haben sie ja Lust, mit unseren Kindern zu spielen.«

Langeweile ist ein absurd verharmlosender Ausdruck für die von dem Gefühl der Sinnlosigkeit geprägte Leere, die viele Jugendliche in ostgrönländischen Siedlungen erfasst: Ursächlich sind Eingriffe in die Kultur der Inuit, nicht zuletzt durch die Dominanz dänischer Werte und Systeme, und die Auswirkungen des Klimawandels, die in der Arktis besonders deutlich zutage treten.

Ich muss lachen bei dem Gedanken, dass diese obercool aussehenden, frisch gepiercten Jugendlichen Zeit mit unserem Kleingemüse verbringen wollen.

»Spielen? Und an was hast du da so gedacht?«

Weil ich zu sehr damit beschäftigt bin, meine schlechte Laune an diesem grauen Tag an meinem Mann auszulassen, dauert es einen Moment, bis ich sehe, was sich hinter meinem Rücken abspielt.

Odin und Rasmus sitzen bereits zwischen Frieda, Mio und Hannah auf dem Boden. Sogar Paula lässt ihren E-Book-Reader liegen und nimmt neben unseren Gästen Platz. Die beiden Jungs inspizieren interessiert die Loom Bands und schauen Hannah zu, wie sie ein Armband daraus macht. Keine fünf Minuten später überreicht Odin Paula sein Werk aus grellen Gummibändchen. Jetzt bleibt unseren Kindern der Mund offen stehen. Entweder sind Loom Bands in Grönland ein alter Hut, oder Odin ist ein Naturtalent.

Die Jungs bleiben zum Mittagessen. Ohne dass ich sagen könnte, wann es geschieht, nimmt der graue Tag eine Wendung. Unsere Kinder, Odin und Rasmus kommen in Fahrt. Nach Armbändern, Mau-Mau und Malaktion schlagen sie einen typisch grönländischen Nachmittag vor: jagen gehen. Wir ziehen uns an und folgen Rasmus zu seinem Vater, der ebenso schlecht gelaunt wie ich am Morgen die Tür der kleinen Holzhütte öffnet. Schlabberige Hose, Unterhemd, düsterer Blick. Das Eisbärenfell, das vor dem Eingang zum Trocknen hängt, deutet darauf hin, dass Rasmus' Vater auch bessere Tage kennt. Anscheinend gibt er seinem Sohn das Okay, sein Motorboot zu borgen. Er erlaubt ihm auch, sein Gewehr mitzunehmen.

Wir folgen den beiden Jungs zu den Booten, die im Fjord neben dem Lager des »Pilersuisoq« auf dem Wasser schaukeln. In mehrere Lagen Winterkleidung und Schwimmwesten gepackt, setzen wir uns zu den Jungs ins Boot. Die halten es nicht mal für nötig, sich die Kapuzen ihrer Sweatshirtjacken über den Kopf zu stülpen. Eine Robbe nach der anderen hebt den Kopf aus dem Wasser. Odin zielt ein einziges Mal halbherzig und legt dann das Gewehr weg. Wir sind ganz offensichtlich nicht zum Jagen hier!

Am Ende des Fjords, wo der Karale-Gletscher kalbt, halten Odin und Rasmus das Boot an. Wie auf einer eigens für sie errichteten Bühne stellen sie sich auf die Sitzbank, den Gletscher im Rücken, und beginnen zu rappen. Ihren selbst entwickelten »Tunu-Rap«, zur Melodie von Pippi Langstrumpf. Dass es dabei um das beschwerliche Leben jugendlicher Grönländer geht (Tunu ist eine alte Bezeichnung der Einheimischen für Ostgrönland), erfahren wir erst im Nachhinein. Unsere Kinder sind ebenso wie wir restlos begeistert.

Irgendwann wird auch den beiden Tunu-Rappern kalt, und wir fahren zurück zur Siedlung. Ich wünschte, wir sprächen Ostgrönländisch, oder wenigstens Dänisch. Ich hätte so viele Fragen, würde gern so vieles sagen. Vielleicht ist es gerade deshalb besser, dass wir uns mit den wenigen Brocken Englisch verabschieden, über die Rasmus und Odin verfügen. Und damit den Tag einfach so stehen lassen, wie er war.

»Thank you!«, verabschiedet sich Rasmus von uns.

»And see you tomorrow!«, sagt Odin mit dem lässigen Iro und zaubert damit einer unserer Töchter ein ganz besonderes Lächeln ins Gesicht.

Die Heimat zu verlassen und in fremde Welten aufzubrechen ist für unsere Spezies keine Neuheit. Auch wenn die Gründe für den Aufbruch ins Unbekannte (und das war es in der Vergangenheit wirklich noch) über Raum und Zeit hinweg ganz unterschiedlich waren. Frühe Homo sapiens kannten, genau genommen, gar keinen Aufbruch aus der Heimat, weil sie als nomadische Wildbeuter ohne »festen Wohnsitz« immer den Tieren nachzogen, von denen sie sich ernährten. Ständig unterwegs zu sein war Voraussetzung für einen Lebensstil, durch den sich unsere Art über den ganzen Planeten ausgebreitet hat. Erst mit dem Ausbau von Ackerbau, Viehzucht und dem Anlegen von Vorräten gingen unsere Vorfahren zu einer sesshaften Lebensweise über. Wenn sie jetzt auf Reisen gingen, dann nicht mehr zur reinen Selbstversorgung.

Religiöse Beweggründe trieben schon vor Tausenden von Jahren Christen, Muslime, Buddhisten, Juden, Hindus oder andere Gläubige vor die Tür. Auch Buddha Siddhartha Gautama zog einige Jahre als besitzloser Wanderer auf der Suche nach Erlösung durch Indien, bis er unter einer Pappelfeige das vollkommene Erwachen (Bodhi) erreichte und zum Stifter des Buddhismus wurde. Im mittelalterlichen Europa nahmen Pilger aber nicht nur aus religiösen oder spirituellen, sondern auch aus ganz weltlichen Gründen beschwerliche Reisen auf sich, nämlich um drakonischen Strafen zu entgehen. Und nicht nur Pilger versuchten unterwegs, den Gefahren der mitunter bedrohlichen Natur zu entkommen, sondern auch Kaufleute und Händler, die nationalen und internationalen Handel betrieben.

Die Hoffnung auf Reichtum und Ruhm, die Ausdehnung von Machtbereichen, die Suche nach Rohstoffen, Handelswegen und -partnern und später auch die Verbreitung christlicher Werte motivierten Entdeckungsreisen vom Altertum bis zum Mittelalter. Dass »Entdecktes« dabei schon längst entdeckt war (nur eben nicht von Europäern), Land besiedelt (nur eben nicht nach europäischen Maßstäben) und Glaubenssysteme etabliert waren (nur eben nicht das Christentum), hielt wenige der namhaftesten Reisenden davon ab, bei der Inbesitznahme »neuer« Länder auf absurde Methoden zurückzugreifen.

Hätten Pilger, mittelalterliche Händler oder Entdeckungsreisende einen Blick in dieses Buch geworfen, hätten sie schallend gelacht: Alles, was aus unserer heutigen Perspektive als Abenteuer daherkommt, wäre im Vergleich zu den Strapazen und Gefahren, denen diese Reisenden ausgesetzt waren, so wenig aufregend wie der tägliche Gang zum Markt. Und während heute viele vom Alltag erschöpfte Abenteurer ganz bewusst dorthin reisen, wo noch möglichst wenig menschengemachte Infrastruktur zu finden ist, war Natur für die oben erwähnten Herren (es waren zu dieser Zeit tatsächlich fast ausschließlich Herren unterwegs) das Hindernis schlechthin: gefährlich, herausfordernd und vor allem unberechenbar.

Gab es für frühe Reisende kaum eine schlimmere Vorstellung, als die Orientierung zu verlieren, können wir uns heute freiwillig in der Pampa absetzen lassen und dann völlig problemlos dank Navigations-App von jedem Ort der Erde wieder nach Hause gelangen. Mit dem Ergebnis übrigens, dass einige Menschen heute ohne Smartphone nicht einmal mehr die nächste Postfiliale finden. In Tromsø begegneten wir kürzlich einer Familie, die wie Goldsucher mit Wünschelrute im Zickzack durch die Innenstadt lief und uns, kurz den Blick vom Smartphone hebend, geradezu aufgelöst fragte, wo denn nun um alles in der Welt der nächste Burger King sei. »Hinter Ihnen!«, antwortete unser Sohn, ganz ohne Spott (den ich mir sicher nicht hätte verkneifen können).

Dass »Reisen bildet« (Kant) und Reisende nicht unterwegs sind, »um anzukommen, sondern um zu reisen« (Goethe), sind wiederum Ideen, die sich im 17. Jahrhundert langsam entwickelten, als junge Adlige durch Europa geschickt wurden, um ihren Horizont zu erweitern. Inspiriert von Goethes Italienreisen, entdeckte im 18. und 19. Jahrhundert das Bürgertum das Thema »Reisen« für sich. Mittlerweile existierte entlang der gängigen Routen immerhin eine entsprechende Infrastruktur aus Übernachtungs- und Einkehrmöglichkeiten. Rastlose Naturforscher wie Alexander von Humboldt befriedigten den Wissensdurst des Bürgertums weiter mit den Erkenntnissen, die sie auf Jahre dauernden internationalen Expeditionsfahrten gewannen. Und nebenbei trugen Forschungsreisende mit ihren Berichten dazu bei, das bestehende eurozentristische Weltbild und das damit verbundene Überlegenheitsgefühl gegenüber den erforschten »anderen« noch fester zu zementieren. Während Goethe sich noch mit Italien zufrieden gab, drängte es Reisende im 19. Jahrhundert, und jetzt auch zunehmend Frauen, in exotischer anmutende Regionen wie Ägypten. Aber nicht, ohne dabei auf Luxus (in Form schrankhoher Reisekoffer) zu verzichten. Maximalisten, unterwegs in Zügen oder auf Schiffen.

Noch ein Jahrhundert später waren sie dann beinahe ganz vergessen, die Strapazen der frühen Reisenden, die Furcht vor der Natur und ihrer überlegenen Macht. So gründlich vergessen, dass sogar eine romantische Rückbesinnung auf das natürliche Leben der vergangenen Zeit stattfand. Einfaches Leben auf dem Land, jenseits von urbanen Zusammenhängen, industriellen Entwicklungen und rationalen Zwängen, sowie entbehrungsreiche Wanderungen durch die Natur wurden wieder erstrebenswert. Das sogenannte Wirtschaftswunder hat seinen Teil zum veränderten Reiseverhalten beigetragen. Denn halb Deutschland machte regelmäßig, nein, keine Reise, sondern Urlaub!

Zunächst waren die Ziele nicht ganz so spektakulär, sondern lagen vornehmlich in Deutschland, Österreich oder der Schweiz. Bis Ende des 20. Jahrhunderts selbst eine Reise in die Südsee kaum noch übermäßige Bewunderung hervorrief. Die Auswahl des Ziels reichte also nicht mehr zur sozialen Distinktion, denn Reisen sind auch Gegenstand unseres Konsumverhaltens und als solche Mittel, sich von »anderen« abzuheben. Nach »je exotischer, desto erfolgreicher« kam »je extremer, desto besser« (und das gilt nicht nur fürs Reisen).

Spätestens seit Ende der 1980er-Jahre kurbelt übrigens ein weiterer Impuls die globale Tourismusindustrie kräftig an: »Last chance to see!« Unter diesem Titel veröffentlichten der englische Schriftsteller Douglas Adams und der Zoologe Mark Carwardine eine Hörfunkserie bei der BBC. Darin ermöglichten sie ihren Zuhörern, »den Letzten ihrer Art« zu begegnen, vom Amazonas-Manati bis zum weißen Nashorn. Dieser »Letzte-Chance-Tourismus« hat mittlerweile Hochkonjunktur. Am Rhonegletscher beispielsweise spucken Reisebusse ganze Ladungen voll weit gereister Touristen aus.

Geschickt vermarktet, wird der sterbende Riese zum Pilger-ziel für Menschen aus allen Winkeln unseres Planeten.

Eine Balkan-Begegnung im vergangenen Sommer lässt jedoch keinen Zweifel daran, dass Reisen trotz globaler Tourismusexpansion immer noch um des Reisens willen möglich ist.

Die Sonne über Südalbanien hat noch nicht den höchsten Stand des Tages erreicht. Trotzdem zeigt das Thermometer bereits 42 Grad Celsius im Schatten an. Jeder vernünftige Mensch sucht Zuflucht in einem Haus, unter einem Baum oder Felsvorsprung. Esel liegen, von Fliegenschwärmen umschwirrt, wie tot auf dürrem Gras, Hütehunde suchen hechelnd Abkühlung im Fluss. Wir reiten, in Begleitung unserer albanischen Gastfamilie, seit fünf Stunden durch die brütende Hitze – und vor uns liegen noch drei weitere Stunden Weg. Frieda, unsere Kleinste, ist gerade einmal sechs Jahre alt. Ich reite hinter ihr und beobachte fasziniert, wie sie ohne Aufforderung alle zehn Minuten ihre Wasserflasche aus den Satteltaschen zieht und trinkt oder sich Wasser über das T-Shirt kippt.

»Alles in Ordnung, Kinder?«, rufe ich der Karawane vor mir zu. »Braucht ihr eine Pause?«

»Ich will bis zum Fluss reiten!«, bestätigt Frieda. »Wir hatten doch gerade erst eine Pause!«

Am diesigen Horizont taucht ein kleiner Passagierbus auf. Wir drängen die Pferde dicht an die Felswand, um auf der engen Passstraße Platz zu machen. Der Fahrer hängt sich aus dem Fenster und deutet auf Frieda. »Das kleine Mädchen aus Deutschland gibt es wirklich? Es stimmt also, was die Leute in den Dörfern erzählt haben.« Er wollte es nicht glauben, aber jetzt sieht er mit eigenen Augen, dass eine sechsköpfige deutsche Familie durch Albanien reitet.

»Wo kommt ihr her?«, will der albanische Busfahrer wissen, der auf der staubigen Passstraße neben uns hält.

»Aus Gjirokaster!«, antwortet Kristina.

»Und wohin reitet ihr?«

»Nach Gjirokaster!«

»Und was habt ihr unterwegs erledigt?«

»Nichts.«

»Nichts? Und warum reitet ihr dann zwei Wochen lang von Gjirokaster nach Gjirokaster?«

Um zu reisen!

Spätestens mit Einführung der Elternzeit entdecken auch Familien, die in ihrem eng getakteten Arbeitsalltag bisher nicht die Chance gesehen hatten, die nötigen zeitlichen Freiräume zu schaffen, das Reisen für sich. Erstaunlicherweise gibt es Menschen, die Reisen in der Elternzeit als soziales Schmarotzertum bezeichnen. Ich kann diese Sichtweise nicht nachvollziehen. Manche Kritiker behaupten, Reisen in der Elternzeit sei Urlaub auf Staatskosten, oder argumentieren, dass frischgebackene Väter ihren Frauen lieber helfen sollten, wieder ins Berufsleben einzusteigen (also schön artig ihren zugewiesenen Platz im System zu besetzen). Andere meinen, Vater sein muss auch mal wehtun und darf deshalb auf keinen Fall mit einer entspannenden, am Ende sogar erfüllenden Erfahrung zu tun haben.

Wo kämen wir nur hin, wenn Mutter, Vater und das neugeborene Menschenkind Wochen, am Ende sogar Monate harmonisch durch die Welt zögen? Vielleicht kämen sie auf die Idee, nie wieder zurückzukehren – an den Bürotisch, hinter den Tresen, in den Produktionsprozess. Ja, und was würde passieren, wenn jeder Mensch in materieller Bescheidenheit (beim Reisen muss man sich zwangsläufig auf einen Bruchteil des Besitzes beschränken) nach Entspannung, Zufriedenheit und achtsamem Umgang mit seiner Umwelt strebte und sich übersteigerte Konsumbedürfnisse dadurch in Luft auflösten? Um Himmels willen – so gesehen ist Reisen in der Elternzeit tatsächlich eine echte Bedrohung! Für unser Wirtschaftssystem, für Arbeitsplätze und vor allem für sämtliche Konzerne, die es tagein, tagaus schaffen, uns Dinge als nötig zu verkaufen, von denen wir bis dahin nicht einmal wussten.

Konservative Gegner der »Elternzeit=Reisezeit«-Verfechter sehen sich entsprechend als Verteidiger bemitleidenswerter und von den Vätern der eigenen Kinder ausgenutzter Mütter, eines hintergangenen Sozialstaats und derer, die sich, mit oder ohne Elternzeit, sowieso niemals eine Reise leisten können. Ich frage mich allerdings: Welchen besseren Start in ein Leben kann ein neuer Erdenbürger haben, als, rund um die Uhr von Mutter und Vater begleitet, in die unbegrenzte Vielfalt der Welt, in die er geboren wurde, hineinzuwachsen? Und zwar dort, wo sich Mutter und Vater am wohlsten fühlen und sich auch ihren Bedürfnissen entsprechend entspannt und zufrieden um die Entwicklung ihres Nachwuchses kümmern können.

Dank der Fortschritte in der Hirnforschung können Argumente leicht entkräftet werden, die Reisen mit Kindern als unnütze Zeitverschwendung, Ablenkung vom wesentlichen Lernziel oder gar egoistische Aktivität von Eltern abtun. Während im Gehirn unserer Kinder Millionen von Nervenzellen über Billionen von Kontaktstellen mit anderen Nervenzellen kommunizieren, bildet sich ein Wunderwerk aus Nervenbahnen, das sich schätzungsweise 145-mal um die gesamte Erde wickeln ließe. Im Kleinkindalter werden diese Vernetzungen von den Erfahrungen, die unsere Kinder machen dürfen, überprüft und korrigiert und gegebenenfalls differenziert. Aus »Alle Menschen essen Kartoffeln« wird vielleicht »Manche Menschen essen Kartoffeln, manche essen Reis, manche essen Robbenfleisch«. Das klingt banal, macht aber deutlich, welche weitreichenden Möglichkeiten Kinder zur eigenen Entwicklung durch ein breites Spektrum an Sinneserfahrungen und Eindrücken haben.

Je mehr Anregungen Kinder von klein an ausgesetzt sind, umso vielfältiger gerät die Struktur, die sich im Hirn unseres Nachwuchses ausbilden darf (größere Nervenzellen, mehr Verbindungen), und umso größer die Vielfalt der Bereiche, die sie später als Erwachsene ausbauen können. Reisen sind die perfekte Möglichkeit, Kindern dazu die nötigen Voraussetzungen zu bieten: Sie können neugierig sein und, angeregt von den neuen Eindrücken, ihre Eltern mit Fragen überhäufen, sie dürfen Abenteuer erleben, spielen, Probleme lösen, ihre Weltsicht justieren, Empathie entwickeln. Mein Rat: Vergessen Sie angesichts dieser Tatsachen die scheinheilige Debatte, die Eltern die Möglichkeit nehmen will, in der Elternzeit mit ihrem Nachwuchs loszuziehen und sich den Eindrücken der Welt auszusetzen.

Gehen wir also davon aus, dass die Frage des »ob oder ob nicht« geklärt ist. Die Vorstellungen davon, was genau Reisen beinhaltet, welche Motivation und welche Ansprüche dahinterstecken – vom zweckgebundenen Ortswechsel über

Bildung oder persönliche Weiterentwicklung bis hin zu purer Erholung −, gehen individuell weit auseinander. Viele unserer Freunde finden es geradezu provozierend, dass wir freiwillig mit vier Kindern zu Fuß die Alpen überqueren, auf dem oberitalienischen Fluss Tagliamento eine Flusswanderung unternehmen, im arktischen Winter bei minus zwanzig Grad Celsius Grönland erkunden oder Albanien nach fünf Wochen verlassen, ohne auch nur ein einziges Mal an der Adriaküste gewesen zu sein.

Ich habe deshalb begonnen, zwischen Reisen und Urlaub zu unterscheiden. Eine Begegnung in Südschweden hat mir diesbezüglich eine Last von den Schultern genommen: Wir waren bereits drei Monate mit einem fünfzig Jahre alten, umgebauten Feuerwehrlaster durch Lappland getourt. Die meiste Zeit hatten wir vom schwedischen Allemannsrecht Gebrauch gemacht und einfach in der Wildnis unser Lager aufgeschlagen. Ein Campingplatz am Meer war geradezu unerhörter Luxus. Während wir in der Kabine saßen, schlenderte eine Familie vorbei.

»Wow, was für ein cooler Bus!« Ein aufgeregter Vater lief mit seinem noch aufgeregteren Sohn auf unser Mobil zu, nicht ahnend, dass wir darin frühstückten und ihre Unterhaltung mitverfolgten.

»Der ist ja genial. Ich will auch mal mit so einem Bus reisen«, stimmte der Sohn zu.

Mittlerweile stand auch die Mutter daneben und schnaubte: »Ich bin doch nicht verrückt. Was die machen, ist doch kein Urlaub!«

Stimmt!

Das ist kein Urlaub.

Das ist Reisen!

Mich hat diese Feststellung immens erleichtert, weil ich seitdem nicht mehr dem Anspruch hinterherzuhecheln versuche, dass unterwegs mit Kindern alles reibungslos, ohne Anstrengung und innere und äußere Widerstände klappt. Diese Schweden-Episode hat mir vor Augen geführt: Wir reisen, und dazu gehört für mich neben dem regelmäßigen Ortswechsel auch, Raum für spontane Entwicklung zu gewähren und sich vor Ort von den Geschehnissen und Begegnungen treiben zu lassen, anstatt die täglichen Abläufe im Voraus festzulegen.

Gerade aber deshalb ist das Reisen ab und an, das gebe ich zu, ziemlich kräftezehrend. Wer sich auf neues Terrain begibt – geografisch, kulinarisch, sprachlich, kulturell –, wird immer wieder mit den Grenzen des eigenen Selbst konfrontiert, stellt sich Legitimationsfragen, muss sich im Spiegel des scheinbar Fremden neu entdecken. Mein Mann und ich sind mittlerweile ein eingespieltes Reiseteam. Trotzdem ist die Reisezeit immer noch die Phase unseres Zusammenlebens, die das meiste Konfliktpotenzial birgt.

»Es gibt kein sichereres Mittel festzustellen, ob man einen Menschen mag oder hasst, als mit ihm auf Reisen zu gehen«, schrieb Mark Twain. Wie wahr! Jens und ich waren gerade einige Wochen ein Paar, als er eine lang geplante Reise nach Neuseeland und Australien antrat. Zwei Monate später folgte ich ihm nach Wellington. Nach vierzig Stunden Flug mit viel zu vielen Zwischenstopps landete ich völlig übermüdet in Neuseeland und stand plötzlich vor dem Mann, mit dem ich in den kommenden zwei Monaten auf allerengstem Raum zusammenleben würde.

Zu zweit zu reisen bedeutet, den anderen in Rekordgeschwindigkeit mit all seinen Vorzügen und Macken kennenzulernen. Bei Verhandlungen mit Autoverkäufern, im Kontakt mit anderen Reisenden, bei der Auswahl der Nahrungsmittel im Supermarkt, wenn man nach drei Stunden Fahrt plötzlich feststellt, dass man im falschen Zug sitzt, oder bei Dauerregen im viel zu engen Zelt.

Fest steht, dass wir nach dieser Reise süchtig waren. Nach einander und danach, gemeinsam in der Welt unterwegs zu sein. Mittlerweile sind wir seit zwanzig Jahren ein Paar – und seit zwanzig Jahren Reisejunkies. Süchtig nach den magischen Momenten, an die wir noch Jahrzehnte später gern denken.

Unsere zweite gemeinsame Reise führte uns nach Indien und Nepal. In der fruchtbaren, grün leuchtenden Tiefebene des nepalesischen Terai wagten wir einen Selbstversuch und schlossen uns zum ersten Mal für einen Tag einer geführten Tour an. So weit der Plan. Der junge nepalesische Guide lief voraus, eine Gruppe hoch motivierter britischer Trekkingtouristen sowie Jens und ich liefen hinterher. Wir hatten gerade die letzten Häuser des Dörfchens hinter uns gelassen, als Jens aufgeregt auf einen Fluss zeigte.

»Elefanten!«, flüsterte er mir zu.

»Bist du sicher? Vielleicht sind es einfach nur Felsen im Wasser?« Unsere Gruppe lief zügig weiter, und wir waren hin- und hergerissen.

Wie unhöflich, einfach abtrünnig zu werden!

Wie aufregend, möglicherweise Elefanten näherzukommen!

Wir entschieden uns für das Wagnis und zogen uns aus der Affäre, indem wir Guide und Reisegruppe erklärten, in der feuchten Hitze unter Kreislaufproblemen zu leiden, die eine lange Tagestour unmöglich machten.

Während wir uns nun stattdessen den vermeintlichen Felsen näherten, sahen wir, dass drei Elefantenhüter ihre Tiere nach einem Arbeitseinsatz in den Fluss geführt hatten und auf den liegenden Kolossen knieten, um sie mit Bürsten zu schrubben. Als sie uns entdeckten, winkten sie uns heran. Begeistert wateten wir in den Fluss und verbrachten den Rest des Tages mit den Männern und ihren Tieren. Ohne dass wir darum gebeten hätten, brachten uns die Mahuts bei, wie die Tiere gepflegt werden und welchen Kommandos sie gehorchen. Und als wir allmählich meinten, die Freundlichkeit der Männer schon über die Maßen strapaziert zu haben, gaben sie zwei der Elefanten einen Befehl. Diese senkten daraufhin die Köpfe, boten uns ihre Rüssel als Aufstiegshilfe und hoben uns behutsam auf ihren breiten Nacken. Noch ein Befehl, und die Kolosse setzten sich in Bewegung. Eine Stunde lang trugen sie uns am Flussufer entlang. Ihre Mahuts waren bereits zu kleinen Punkten am Horizont geschrumpft. Es gab nur noch Jens und mich, die Elefanten und den Fluss.

Unsere Zweisamkeit hatte nach drei Jahren mit der Geburt unserer ersten Tochter Paula ein Ende.

Jetzt stand die Frage im Raum, ob wir unserer Tochter Sesshaftigkeit vorleben oder Reiselust mit der Muttermilch mitgeben wollten. Ein Brief aus Bonn nahm uns schließlich die Entscheidung ab. Der Deutsche Akademische Austauschdienst hatte mir ein Jahresstipendium zum Studium in Australien gewährt. Ich hatte die Chance, mein Studium der Ethnologie, Kulturanthropologie und Soziologie mit dem Studium der »Australian Indigenous Studies« in Perth zu kombinieren. Und Jens und Paula sollten mich begleiten. Ihre ersten Schritte machte Paula am anderen Ende der Welt.

Dort brachen ihre ersten Zähne durch, die ersten (englischen) Worte kamen über ihre Lippen. Und weil wir überzeugt davon waren, total erfahrene Reisende zu sein, machten wir so weiter wie bisher. Wir tingelten in den Studienpausen wochenlang mit dem Zelt die Westküste entlang, besuchten die Siedlungen indigener Australier, brachten Paula zwischen Delfinen das Schwimmen bei, maßen das Wachstum unserer Tochter, indem wir sie neben Pelikanen am Strand beobachteten, und tanzten an einsamen Stränden mit ihr zu unseren Lieblingssongs. Romantisch, oder?

Wir wissen alle: Jede Medaille hat eine Kehrseite. Dummerweise wurden wir im Outback dauerhaft von Millionen kleiner Buschfliegen attackiert, die uns vehement in Nasen, Ohren und Augen krochen. Selbst in der Nacht fielen die Temperaturen nicht unter 35 Grad, aber Abkühlung im Wasser war besonders im tropisch-heißen Norden nicht möglich wegen der Salties – der Salzwasserkrokodile (»Naughty bastards. They like dogs and kids, good size for them!«). Es gab keine Mahlzeit ohne Sandkruste darauf, und Gleichaltrige traf Paula nur alle paar Wochen, was letztendlich bedeutete, dass ich täglich auf allen vieren über gebrochenen Muschelkalk am Shelly Beach krabbelte, um unsere Tochter zu bespaßen. Oft war der Sand dermaßen heiß, dass Paula sich nicht setzen konnte. Und beim Sammeln von Stöckchen und Steinchen mussten wir sie immer wieder daran erinnern, vorher fest dagegenzutreten – der Schlangen wegen. Während Jens und ich uns zu zweit mit diesen Tatsachen vermutlich gut hätten arrangieren können, ließ Paula klar und deutlich ihren Unmut erkennen, wenn wir aus Unwissenheit zu weit gegangen waren. Und je unzufriedener unser Kind war, umso nervöser wurden wir.

Als erstes Kind in eine Familie geboren zu werden hat den klaren Vorteil, sich der ungeteilten Aufmerksamkeit der Eltern sicher sein zu können. Und den klaren Nachteil, dass diese Eltern meist noch Neulinge im Zusammenleben mit Kindern sind. Dass sie an ihrem Kind üben müssen und dabei manchmal natürlich auch Fehler machen. Einer unserer größten Fehler war nicht die Vermessenheit, auch mit Kleinkind unserer größten Leidenschaft nachzugehen, sondern der Irrglaube, mit Kind exakt genauso reisen zu können wie ohne Kind.

Zwei Individuen zusammen ergeben ein Paar, zwei Individuen mit Kind ergeben eine Familie mit ganz neuen Rollen und Herausforderungen auf Reisen. Vier Jahre lang haben Jens und ich gemeinsam an einem journalistischen Projekt zu den Auswirkungen des Klimawandels gearbeitet – in allen möglichen Regionen unseres Planeten. Immer waren unsere Kinder, mittlerweile waren es vier, dabei. Und diese wollten bekocht, verarztet, durch fremde Länder geführt, unterhalten und getröstet werden. Kurzum: Jens und ich entwickelten auf diesen Reisen multiple Rollen, die wir je nach Bedürfnissen unserer exquisiten Reisegruppe zu wechseln und einzunehmen lernten.

Dass wir diese nötige Umstellung anfangs nicht in unser Reisekonzept mit einbezogen haben, hätte Jens und mich beinahe die Ehe gekostet und das Ende unserer gemeinsamen Reisen besiegelt.

Stattdessen erlernten wir das Reisen neu. Die folgende Gebrauchsanweisung schreibe ich in der Hoffnung, dass Sie nach der Lektüre mutig, neugierig und selbstsicher auf Reisen gehen. Dass Sie dabei so manches Fettnäpfchen umgehen (in das wir getreten sind), Irrwege vermeiden, unnötige Sorgen von vornherein durch gute Vorbereitung und Mut zur Lücke entkräften. Und dass Sie die Welt – ganz egal ob vor der eigenen Haustür oder in weiter Entfernung – jenseits ausgetretener Pfade achtsam, neugierig und mit der nötigen Portion Gelassenheit und Humor erkunden können.

So schwer ist das gar nicht. Schließlich haben wir weise Lehrer dabei: unsere Kinder.

Badehose oder Daunenmantel

Die erste Frage, die uns gestellt wird, wenn wir von unseren mehrere Wochen bis Monate dauernden Reisen erzählen: »Wie habt ihr es nur geschafft, schulpflichtige Kinder zu befreien?« Und dann folgt meist ziemlich schnell die Aussage, mit der sich Eltern selbst Steine in den Weg legen: »Mehrere Monate reisen in der Schulzeit – das geht doch gar nicht!«

Wir haben aufgehört zu fragen, *ob* etwas machbar ist, und haben uns stattdessen angewöhnt zu überlegen, *wie* wir etwas machbar machen.

Ja, in Deutschland besteht eine allgemeine Schulpflicht. Jedes Kind mit deutschem Wohnsitz muss täglich die Schulbank drücken und darf nicht, wie in Ländern mit allgemeiner Bildungspflicht, außerschulisch lernen. Trotzdem gibt es Möglichkeiten, Schulkinder im Rahmen eines Reiseprojektes freistellen zu lassen. Schon allein, weil es zunächst mal im Ermessen der Schule liegt, wie sie mit solchen Elternanfragen umgeht. Versetzen Sie sich in die Situation der Lehrer, die mit Anträgen auf Schulbefreiung konfrontiert werden. Die Ferienzeiten verlängern, weil dann die Flüge billiger sind? Dass diese Argumentation schiefgehen muss, liegt auf der Hand. Jens' und meine Argumentation ist für unseren Fall simpel und leicht nachvollziehbar: Als freiberufliches Foto-grafen/Autorinnen-Team gehört das Reisen zu unserem Alltag. Und dass wir unsere Kinder nicht einfach zu Hause lassen können, versteht sich von selbst. Eltern, die nicht mit diesem Argument in der Tasche bei Lehrerschaft, Schul-leitung und Schulamt aufwarten können, müssen etwas kre-ativer sein. Gibt es eine familiäre Bindung an das Reiseziel? Welche sprachlichen Vorteile erhoffen Sie sich? In den folgenden Kapiteln werden Sie zudem einige Hinweise da-für sammeln können, wie sich Reisen positiv auf Kinder auswirkt.

Selbst wenn Klassenlehrer und Schulleitungsteam unserer Arbeits- und Lebensweise gegenüber sehr aufgeschlossen sind, wollen sie natürlich sicherstellen, dass unsere Kinder nicht einfach nur »Urlaub« machen.

Für Paula artet das in Australien phasenweise in echten Stress aus. Wir sind diesmal vier Monate für einen For-schungsaufenthalt in Perth, und Paula besucht eine der dor-tigen Waldorfschulen. An ihrer Seite Lily, ihre beste australi-sche Freundin, mit der sie im langen Flur unseres Häuschens damals als Einjährige Hand in Hand die ersten Schritte ohne Eltern gewagt hatte.

In den ersten Schultagen ist Paula fasziniert, wie anders Schule aussehen und ablaufen kann, obwohl sie zu Hause auch eine Waldorfschule besucht. Durch den Hof, der eher umzäuntes australisches Buschland ist als versiegelte Fläche wie bei uns üblich, hüpfen Wallabys. In den Bäumen sitzen Papageien, Rosenköpfchen und Kookaburras. Jede Klasse hat ein eigenes Häuschen, das mit den anderen über Pfade verbunden ist. Ihr neuer Lehrer Bruce (seinen Nachnamen hat Paula nie erfahren) ist »total cool«, »lustig« und »meganett«. Einen Nachmittag die Woche setzen sich Paula, ihre Mitschüler und Bruce zusammen zum Plauderstündchen, um herauszufinden, wo es brennt und was gut läuft. Schule in Australien, findet Paula, könnte richtig easy sein. Wenn nicht am Nachmittag noch die Aufgaben auf sie warten würden, die ihre Lehrerin ihr von zu Hause aus mitgegeben hat. Unser Kind ist gewissenhafter als Jens und ich zusammen und zudem ehrgeizig. Keine der deutschen Hausaufgaben »vergisst« sie einfach mal. Und wenn die erledigt sind, warten noch die *Aussie homeworks* auf unsere Tochter. Manchmal tut uns Paula richtig leid. Aber immer, wenn wir sie in den vier Monaten vor Ort fragen, was eigentlich das Schönste an diesem Auslandsaufenthalt sei, antwortet sie wie aus der Pistole geschossen: »Die australische Schule!«

Nicht jedes Mal sind wir so lange an einem Fleck sesshaft, dass sich ein Schulbesuch lohnen würde. Zwei Mal tingeln wir über den nördlichen Polarkreis bis ins nördliche schwedische Lappland. Nur selten halten wir uns mehrere Tage am Stück an einem Ort auf. Deshalb geben uns bei der ersten Skandinavienreise sämtliche Klassenlehrer unserer Kinder eine To-do-Liste mit, die ich unterwegs mit den Kindern abarbeite.

Auf der zweiten Reise begleitet uns meine Zwillingsschwester samt Mann und vier Kindern. Und Katja ist, was für ein Glück, Waldorflehrerin! Sie unterrichtet die Kinder am Strand, im Wald, bei schlechtem Wetter auch im Expeditionsmobil. Angepasst an das deutsche Curriculum, aber mit den Freiheiten, die eine rollende Schule mit sich bringt. In Schweden begegnen die Kinder der Kultur der Sami, die sich in ihren Schularbeiten widerspiegelt. Als »Mitbringsel« für Mitschüler, Lehrerkollegium und Schulführung erarbeiten sie ein Schweden-Tagebuch mit Geschichten, Bildern und Informationen über Schwedens Geschichte und Gegenwart.

Die letzte Unterrichtsstunde der rollenden Schule findet auf den Lofoten statt. Am Abend machen wir ein Lagerfeuer, die Kinder stellen Stühle im Halbkreis auf und präsentieren uns, was sie unterwegs in Skandinavien alles erarbeitet haben. Ihrer »Lehrerin« (und sie trennen zwischen den verschiedenen Rollen, in denen meine Schwester ihnen täglich gegenübertritt) überreichen sie ein Abschiedsgeschenk, an dem alle Kinder mitgearbeitet haben: einen nach samischer Technik gewebten, wunderschönen Gürtel.

Im Gespräch ist es eigentlich immer möglich, ein Gespür dafür zu entwickeln, unter welchen Bedingungen Schulkollegium und Schulamt eine Beurlaubung befürworten können. Am schlauesten ist es, nicht nur darzulegen, welchen Vorteil Ihre Kinder von einer Reise haben werden, sondern auch, was Sie und Ihre Familie für die Schule Gutes tun können (Vorträge, Projektarbeit). Trotzdem wird es Nüsse geben, die einfach nicht zu knacken sind. Dann bleibt immer noch, den dauerhaften Wohnsitz aus Deutschland in ein anderes Land zu verlegen (Bildungspflicht statt Schulpflicht!), aber das hat natürlich auch finanzielle Konsequenzen. Wer nicht in Deutschland gemeldet ist, muss eventuell auf Kindergeld und Elterngeld verzichten. Also werden Sie erfinderisch beim Umschiffen der Klippen, suchen Sie das Gespräch! Und fragen Sie, wie gesagt, nicht nach dem »ob«, sondern nach dem »wie«. Dann haben Sie sich sowieso schon eines der wichtigsten Werkzeuge zugelegt, die Sie unterwegs benötigen werden.

Kürzlich kam übrigens eine Lehrerin des Schulleitungsteams auf mich zu.

»Frau Steingässer!«, rief sie fröhlich. »Gut dass ich Sie treffe. Ich wollte mal fragen, ob Sie schon sagen können, wann Sie im nächsten Jahr wieder auf Reisen sein werden. Damit wir schon mal planen können.«

Tolle Schule, weitsichtige Lehrer!

Gehen wir davon aus, dass Ihre Kinder von ebenso weitsichtigen Lehrerinnen und Lehrern unterrichtet werden, dass die Schulleitung die Grundlagen der kindlichen Entwicklung (und damit den positiven Einfluss des Reisens darauf) kennt und Ihnen im Schulamt kein paragrafenreitender Korinthenkacker gegenübertritt, steht jetzt die Frage an: Wohin eigentlich?

»Ist das dein Ernst?«

Jens schaut mich ungläubig an.

Ich beuge mich über unseren überdimensionalen Familienatlas. Vor mir breitet sich die Arktis aus.

Ellesmere Island.

Spitzbergen.

Thule. Ammassalik.

Die Barentssee.

Der Klang dieser Orte reicht aus, um in mir unerträgliche Sehnsucht auszulösen.

Also: Ja, es ist mein voller Ernst!

Wir arbeiten an einer Reportage über die Auswirkungen des Klimawandels, und ich plane die erste Etappe: Winter in Grönland!

Nicht nur weil sich hier besonders eindrücklich zeigen lässt, wie die Bevölkerung mit den Veränderungen ihrer Umwelt zurechtkommen muss. Grönland ist schon seit meiner Kindheit das Ziel meiner Träume. Während der Familienurlaube in Ungarn, Italien oder Griechenland hatte ich davon geträumt, in die Arktis auszuwandern. Abends war mein Bett umgeben von Arktis-Bildbänden, in die ich mein gesamtes Taschengeld investiert hatte. Und als ich im Französischunterricht mit voller Überzeugung ein einsames Haus auf Grönland als Vision meines zukünftigen Lebens präsentierte, fragte eine Mitschülerin ernsthaft verstört: »Grönland? Aber warum denn?«

»Warum? Weil ich die Einsamkeit liebe!« Natürlich!

Zugegeben, nicht jeder sehnt sich danach, seine freie Zeit eingehüllt in fünf Lagen Winterkleidung zu verbringen. Fernab von jeglichem Luxus, den wir zu Hause für ganz selbstverständlich halten.

Im Gegensatz zu mir fühlt sich Jens von Wasser, Strand und Sonne magisch angezogen. Nicht um sich zwei Wochen auf Sand garen zu lassen, sondern um vom Wasser aus die Welt zu erkunden. Daunenmantel statt Badehose fällt für ihn also in die Kategorie: »Muss das sein?«

Dass ich mich diesmal durchsetzte, liegt an der Tatsache, dass die Arktis für unsere Arbeit ein wichtiger Ausgangspunkt ist, und auch an der Begeisterung unserer Kinder für die Aktivitäten, die sie in Grönland erwarten: mit Schlittenhundegespannen durch arktische Landschaften gleiten, mit Jägern in die zugefrorenen Fjorde am Rande des Inlandeises ziehen, zwischen Eisbergen auf Walsuche gehen und in Eislöchern angeln.

Jens lässt sich (diesmal) von unserer Nordpolarsucht anstecken. Aber er weiß auch, dass er sein Veto hätte einlegen können. Ebenso wie unsere Kinder. Eine unserer wichtigsten Familien-Reiseregeln besagt, dass wir uns einig sein müssen. Einig heißt in diesem Fall allerdings nicht, dass wir uns auf den minimalsten gemeinsamen Nenner verständigen (dann würden wir Südhessen nicht mehr verlassen), sondern dass jeder mal zum Zug kommt mit seinen Vorlieben. Diesmal ist es die Arktis, das nächste Mal eine Alpenüberquerung zu Fuß, dann Afrika.

Als ich mit den Vorbereitungen unserer Grönlandreise beginne, melden sich aber zum ersten Mal ernsthafte Zweifel. Kleine Teufelchen raunen mir ins Ohr, bestärkt durch wohlgemeinte, aber düstere Prophezeiungen von Familie und Freunden.

»Das ist verrückt, was ihr da vorhabt!«

»Unverantwortlich, mit einer Horde kleiner Kinder im Winter nach Grönland zu reisen!« Frieda ist gerade mal zwei Jahre alt.

Ich versuche, meiner ungewohnten Verunsicherung durch das Einholen möglichst sachlicher Informationen über das Reisen mit Kindern nach Grönland die Stirn zu bieten – und finde sie schlicht und einfach nicht. Außerdem haben wir für unsere journalistische Arbeit ausgerechnet den entlegenen Osten der größten Insel unseres Planeten ausgesucht. Gerade mal 3500 Menschen leben hier entlang der 17 000 Kilometer langen Küstenzone. Als ich noch vor der Buchhandlung meinen frisch gelieferten Grönland-Reiseführer durchblättere, wird mir klar: Ich brauche andere Informationsquellen.

Menschen, die vor Ort leben und denen ich Löcher in den Bauch fragen kann. Wenn jemand einschätzen kann, ob unser Vorhaben familientauglich ist, dann ja wohl sie.

Seitdem kontaktiere ich vor jeder Reise Einheimische, die ich über alle möglichen Wege recherchiere. Übers Internet, über Freunde und Familie, über Bücher.

Robert Peroni, gebürtiger Südtiroler, lebt schon seit einem Vierteljahrhundert in Ostgrönland und betreibt zusammen mit seinen engsten Inuit-Freunden das Utiili Aapalartoq, das Rote Haus. Eine Expeditionslodge in der Hauptsiedlung Tasiilaq, die Trekkinggruppen, Wissenschaftlern, Journalisten und Expeditionen aus der ganzen Welt als Ausgangspunkt für Reisen durch Ostgrönland dient. Ihn ans Telefon zu bekommen ist der schwierigste Teil meiner Mission. Als ich ihn endlich dranhabe, wischt er dafür auf einen Schlag alle meine Zweifel beiseite, indem er voller Überzeugung erklärt: »Es gibt kein besseres Reiseland für kleine Kinder als Ostgrönland!«

Und natürlich glaube ich ihm. Es gibt keinen Grund für mich, das nicht zu tun.

Auch wenn wir uns mit unseren Kindern gern ins Abenteuer stürzen: Wir haben dazugelernt! Gerade die ersten Tage Akklimatisierung sind für uns als Familie ausschlaggebend für den weiteren Verlauf der Reise. Anfang gut, alles gut! Deshalb buche ich in Roberts Expeditionslodge ein Zimmer für einige Nächte. Wie es dann weitergehen soll, wollen wir vor Ort mit ihm besprechen. Je nach Wetterlage werden ohnehin die Mobilitätsmöglichkeiten eingeschränkt sein, oder manche der Familien entscheiden sich womöglich spontan, lieber Tage oder Wochen auf Jagd zu gehen, anstatt uns zu empfangen.

»So früh im Voraus will sich hier nämlich niemand festlegen!«, erklärt Robert.

Dieser sanfte Einstieg in eine völlig fremde Lebenswelt hat sich bewährt. Und je schneller wir in den ersten Tagen engen Kontakt mit Einheimischen knüpfen, umso deutlicher entpuppen sich die meisten unserer Sorgen als unbegründet.

In Ostgrönland ist es Robert, der uns ein erstes Gefühl für die Arktis vermittelt, der sorgfältig mit uns alle Optionen der Weiterreise abwägt und uns nachwinkt, als wir mit drei Jägern und ihren Hundegespannen zu ihren Familien in den kleinen Inuit-Siedlungen am Rande des Inlandeises aufbrechen.

Dass unsere Kinder am Ende der Reise beim Abschied von ihren grönländischen Freunden Tränen vergießen, bestätigt Jens' und meine Herangehensweise an jede Reiseplanung: Frag nicht, ob es möglich ist, sondern wie du es möglich machen kannst.

Trotz noch so gründlicher Vorbereitung passiert es manchmal, dass Bedenken bestehen und Fragen unbeantwortet bleiben. Eine meiner größten Sorgen vor unserer Abreise in die winterliche Arktis war, dass ich vor Ort nicht genug Windeln kaufen kann. Was auch immer mich dabei genau umtrieb – schließlich leben auch grönländische Babys und Kleinkinder nicht ohne Windeln –, kann ich selbst nicht mehr nachvollziehen. Vor allem wenn ich bedenke, dass Frieda zu diesem Zeitpunkt ohnehin nur noch in der Nacht eine Windel trug, zur Sicherheit. Aber wie um alles in der Welt, war es mir durch den Kopf gegangen, sollte ich durchgeweichte Schneeanzüge, Wollunterwäsche und Strumpfhosen waschen, geschweige denn rechtzeitig trocknen? Schließlich beschloss ich, Frieda wieder zu einem Windelkind zu degradieren (sie protestierte!), packte den gesamten Windelvorrat für acht Wochen ein und füllte damit eine ganze Reisetasche (Jens rebellierte!). Mit dem Ergebnis, dass Frieda im zarten Alter von zweieinhalb Jahren ihre Gelegenheit beim Schopf packte. Als am ersten Abend bei klirrender Kälte in unserem Hüttchen ihre Flasche nicht mehr auffindbar war und ich mich auf ein zermürbendes Drama einstellte, bot Frieda uns einen cleveren Deal an: Flasche weg, Windel weg!

Frieda blieb standhaft – und trocken. Unseren Windelvorrat gab ich – nahezu komplett! – an grönländische Familien weiter. Hätte ich nur gleich auf unsere Tochter gehört!

Gerade für Familien, die zum ersten Mal eine Reise mit Kindern planen, gibt es auch die Möglichkeit, die ersten Tage »light« unter fachkundiger Anleitung zu starten. Zahlreiche Anbieter haben Reisebausteine für Familien in ihrem Programm, die nach individuellen Interessen zusammengesetzt werden können. In der Regel dauert es ohnehin nur wenige Tage, bis Kinder sich an eine neue Klimazone, veränderte Essgewohnheiten, fremde Gerüche und Geräusche gewöhnt und ein Gespür für das Reiseland entwickelt haben. Meist sind sie uns Eltern darin weit voraus.

Zeitverschiebungen machen dagegen unserer ganzen Familie nachhaltig zu schaffen. Wie ein Schweizer Uhrwerk bekam Paula als Kleinkind Hunger und verlangte nach ihren Mahlzeiten. Nach vierzigstündiger Anreise von Deutschland über Asien nach Westaustralien wurde dieses Uhrwerk für uns zur echten Qual. Pünktlich um 19 Uhr mitteleuropäischer Zeit wachte Paula während der ersten Nächte auf, mit knurrendem Magen und einem deutlich erkennbaren Mangel an

Kompromissbereitschaft. Es gelang ihr, unmissverständlich klarzumachen, dass sie vor Hunger nicht mehr schlafen konnte. Der Biorhythmus unserer Tochter lief offensichtlich ganz unbeeindruckt von der neuen Zeitzone weiter.

Völlig erschöpft kramten Jens und ich zunächst Haferkekse aus unseren Koffern hervor in der Hoffnung, unser hungriges Uhrwerk damit durch die Nacht zu bringen. Aber Paula hatte nicht einfach nur Hunger, sondern unerträglich große Löcher im Bauch und ließ nicht mit sich verhandeln. Haferkekse? Was für ein lächerliches Angebot! Ein deftiges Abendbrot musste her, um drei Uhr in der Nacht!

Also schlichen wir uns auf Zehenspitzen durch das Haus unserer Freunde, suchten mit bleierner Müdigkeit in den Gliedern Brot, Käse, Avocado, Salat, Gurke und Tomaten zusammen. Schon der Gedanke daran, meinem völlig erschöpften Körper noch eine zusätzliche Belastung in Form von Verdauungstätigkeiten zuzumuten, erschien mir absurd. Paula dagegen verlangte drei Mal Nachschlag. In den folgenden Nächten schliefen wir mit gut gefüllten Vorratspaketen (kalte Pizza, Sandwiches und Avocadosushi) neben unserem Bett. Und dieses fantastische Spiel wiederholte sich natürlich bei unserer Rückkehr nach Deutschland.

In der Regel kann der Körper eine Stunde Zeitverschiebung pro Tag verarbeiten. Reiseziele mit großer Zeitverschiebung und damit verbundenen Langstreckenflügen, das beschlossen wir in dieser warmen australischen Nacht, muten wir uns und unseren Kindern deshalb nur zu, wenn die Dauer des Aufenthalts und unsere Vorhaben vor Ort diese Strapazen rechtfertigen.

Abgesehen von der Frage, ob wir lieber in Daunenmänteln oder Badehosen unsere Reisezeit verbringen wollen, schränkt also auch das zeitliche Budget die Auswahl unserer Reiseziele ein. Und zunehmend spielen ökologische Gesichtspunkte für alle Familienmitglieder bei der Reiseplanung eine wichtige Rolle. Für ein umfangreiches journalistisches Projekt über die Ressource Wasser stand kürzlich zur Diskussion, ob wir auf dem amerikanischen Doppelkontinent recherchieren und filmen. Paula rechnete uns sofort vor, wie viele Langstreckenflüge damit einhergingen, um uns dann klarzumachen, dass wir leider ohne sie reisen müssten, sollten wir an unseren Plänen festhalten. Wie Sie beim weiteren Lesen noch erfahren werden, lernen wir gern von unseren Kindern. Schließlich verlegten wir den Schwerpunkt des Projekts auf Europa, und so hatten wir Paula, im wahrsten Sinne des Wortes, wieder mit im Boot.

Dass man »Weit« (so der Titel eines Films von Gwen Weisser und Patrick Allgaier) kommt, ohne ein Flugzeug zu betreten und die eigene CO_2-Bilanz in schwindelerregende Höhe zu steigern, zeigt dieses Beispiel, das in Deutschland für Furore gesorgt hat: Das Paar aus Freiburg wollte reisen. Wirklich weit reisen. Über Land und zu Wasser. Und so weit Richtung Osten, bis es aus dem Westen wieder nach Hause käme. Selbst als es unterwegs in Mexiko Nachwuchs bekam, ging »Weit« noch weiter.

Aber nicht für jeden Reisenden ist geografisch weit zu reisen ein erstrebenswertes Ziel.

Der Trend, Abenteuer vor der eigenen Haustür zu erleben, hält ungebrochen an. Europa ist, gerade für Familien mit Kindern, das neue Reise-Eldorado. Aus gutem Grund. Wenn ich gefragt werde, welche Reise bisher die abenteuerlichste für uns als Familie war, dann gebe ich eine Antwort, die meist Erstaunen hervorruft: die Überquerung der Alpen auf alten Schmugglerpfaden, zu Fuß! Ausgerechnet eine Region vor der eigenen Haustür soll unsere größte Herausforderung gewesen sein? Wo wir doch so viel von der Welt gesehen haben?

Mit vier Kindern von Österreich über die Schweiz nach Italien zu wandern war ein unvergleichlich intensives Erlebnis, das Jens und mich an die Grenze unserer Belastbarkeit brachte. Zugegeben, eher mich als den Rest meiner Familie. Mit jedem Aufstieg, den wir hinter uns brachten, mit jedem Bach, den wir durchquerten, jedem Pass, den wir erklommen, und jedem Tal, das wir erreichten, fühlten wir uns heldenhafter. Vielleicht hatte Goethe recht, als er konstatierte, dass man nur dort wirklich war, wo man zu Fuß gewesen sei.

Die Erinnerung daran, wie wir uns aus eigener Kraft durch die imposante Bergwelt der Alpen bewegten, ist wie eingebrannt in unser kollektives Familiengedächtnis. Und von all den ungewöhnlichen, spannenden, mitunter etwas abenteuerlichen Übernachtungsmöglichkeiten, die unsere Kinder unterwegs kennenlernen durften, erinnert sich Mio am liebsten an das traditionelle samische Zelt in Lappland (Rentierfelle, Lagerfeuer, Mückenschwärme) und an das Heuhotel im heimischen Odenwald. »Weit weg« kann eben auch überraschend nah sein.

Pommes und Vollkornbrot

Stellen Sie sich das mal vor: Sie decken zwei Tische für Ihre Kinder. Auf dem einen stehen Pommes, Burger und ein wunderbar farbiges, zuckerhaltiges Erfrischungsgetränk, auf dem anderen Vollkornbrot, Käse, Rohkost und eine auffallend unauffällige Flüssigkeit, die sich schnell als Leitungswasser identifizieren lässt.

Was glauben Sie, an welchen Tisch sich Ihre Kinder setzen werden?

Stellen Sie sich weiter vor, Sie wiederholen das Spielchen zu jeder Mahlzeit, mehrere Tage lang. Was glauben Sie, wo Ihre Kinder schließlich landen werden? Hin und wieder gefällige Kost, das geht. Aber ausschließlich? Ich habe es bei unserem größten Gemüse-Muffel Mio selbst erlebt...

Reykjavík, Ankunft aus Ostgrönland. In den vergangenen Wochen haben wir uns von Lebensmitteln ernährt, die durch physikalische oder chemische Verfahren lange haltbar gemacht worden waren: Fertigkartoffelbrei (der nach gequollener Pappe schmeckte), Pfirsiche aus der Dose (mehr Zucker als Obst), Erbsen und Karotten aus dem Tiefkühlfach (genug für den Rest meines Lebens), getrockneter Fisch. Noch am Flughafen in Reykjavík beginnen unsere Kinder, Wunschlisten für den Supermarkt zu schreiben, und geraten dabei fast schon in eine Art Ekstase.

»Äpfel!«, schmachtet Hannah.

»Avocado!«, jauchzt Paula.

»Wenn es hier Trauben gibt, will ich alle kaufen!«, kündigt Frieda an. »Papa, können wir schneller fahren?«

Das »Vídir«-Supermarktschild markiert den Eingang zum siebten Himmel. Und Mio besteht darauf, gleich zwei Einkaufswagen zu nehmen.

Es kommt des Öfteren vor, dass wir mit vier Kindern beim Einkaufen ein Übermaß an Aufmerksamkeit auf uns ziehen. Diesmal allerdings nicht an der »Quengelware«, sondern am Obst- und Gemüsestand. Die Angestellte mit den kirschroten Lippen schaut erst skeptisch, dann besorgt und schließlich alarmiert zu, wie unsere Kinder Unmengen an Äpfeln und Karotten, Trauben, Bananen, Gurken, Paprika, Birnen, Blumenkohl und Brokkoli in den Wagen türmen. Kurz darauf wird es der jungen Isländerin im wahrsten Sinne zu bunt. Hektisch kommt sie auf uns zugelaufen.

»Haben Sie Ihre Kinder unter Kontrolle?«

Was für eine Frage.

Natürlich nicht!

Aber das behalte ich besser für mich.

»Wollen Sie das wirklich alles kaufen?«, hakt sie nach.

Das und noch mehr! Ich wäre doch verrückt, ausgerechnet jetzt meine Kinder zu bremsen.

Als Mio vor ihren Augen beginnt, einzelne Röschen aus dem Blumenkohl zu lösen und roh zu verspeisen, lacht die junge Isländerin – und ich juble innerlich.

Warum erzähle ich Ihnen das alles?

Weil mir bei unseren Reisen klar wurde, dass die etwas härter erarbeiteten Erlebnisse nachhaltiger wirken als das, was immer schnell und einfach verfügbar ist. Wie beim Essen. Natürlich greifen auch unsere Kinder erst zu Pommes (wobei ich zugeben muss, dass Tütenkartoffelbrei, Dosenpfirsiche, Tiefkühlkarotten und Trockenfisch keine echte Konkurrenz für Pommes sind). Und merken nach einer Weile: Da fehlt etwas! Oder sie fordern unterwegs vehement einen Strandtag ein, um sich schon nach wenigen Stunden zu vergewissern, dass die nächsten Tage »anders« verlaufen werden.

Steht allerdings ausschließlich »harte Kost« auf dem Programm, dann streiken sie. Jens und ich haben einige Nachhilfestunden gebraucht, bis wir auf die richtige Mischung kamen. Dabei haben mir meine Eltern vorgelebt, welches »Kindermenü« am besten schmeckt.

Eine der schönsten Reisen meiner Kindheit führte uns nach Griechenland. Zu einer kleinen Inselgruppe in der Ägäis, auf der gerade die ersten Hotels entstanden. Wo Gäste noch in die Restaurantküche gerufen wurden, um direkt aus dem Topf zu wählen, was auf dem Teller landen soll. Meine Mutter hatte schon vorab verkündet: Nur Strand, das geht auf keinen Fall! Deshalb wechselten sich Strandtage mit Wandertagen ab. Je mehr wir Kinder bei der Wanderung schwitzten und stöhnten, umso mehr freuten wir uns auf den kommenden Tag am Meer. Und der war nur deshalb nicht unerträglich langweilig, weil wir wussten: Die Zeit hier endet bald. So funktioniert sie, die menschliche Psyche. Was nur begrenzt vorhanden ist, wird höher geschätzt. Der Urtrick der Verkaufspsychologie.

Ich gebe zu, dass der Pommes-Vollkornbrot-Versuch nicht immer so ausgehen wird wie bei uns. Denn, sorry, da passt die alte Weisheit: »Was der Bauer nicht kennt, isst er nicht.« Das heißt im Umkehrschluss natürlich nicht, dass man seinen Kindern eh nur noch Pommes auf den Tisch zu stellen braucht. Vielmehr ist es gut, sie von Anfang an mit einem vielfältigen Buffet vertraut zu machen. Und als Eltern selbst mit gutem Beispiel voranzugehen.

Auch die »Mal-Strand-mal-Land«-Variante klappt nur dann, wenn wir uns die Mühe machen, unsere Kinder für die etwas unbeliebteren Etappen zu motivieren.

Kinder ahmen bis zur Pubertät das Verhalten ihrer Eltern und deren Einstellung nach. Sie wollen gefordert, aber nicht überfordert werden. Oder anders gesagt: Wir dürfen unseren Kindern ruhig etwas zutrauen! Die Reisen, bei denen wir es ihnen ermöglichen, aus der bekannten Komfortzone rauszukommen, sind bei ihnen nachhaltig der Renner. Wie unsere Transalp zu Fuß zum Beispiel.

Frieda ist zweieinhalb Jahre alt, Hannah gerade fünf, Mio sechs und Paula dreizehn, als in Jens die Idee zu reifen beginnt. Um die Auswirkungen des Klimawandels auf die europäische Wasserversorgung zu dokumentieren, wollen wir uns dem Wasserturm Europas, den Alpengletschern, nähern. Warum nicht zu Fuß? Von Österreich über die Schweiz nach Italien. Aber wenn schon, dann richtig. Schön weit weg von jeglichem Zivilisationslärm sucht Jens nach einer Route, die uns auf alten Schmugglerpfaden über die Pässe bringen soll. Meine Zweifel werden geringer, als Jens auf den Bericht einer Familie stößt, die diese Albrecht-Route ebenfalls mit Kleinkindern »überstanden« hat. Mit einem Mountainbike samt Fahrradanhänger für ein Kleinkind. Die (schwangere!) Frau war die Strecke gelaufen, nur bergab hatte sie sich auf die Radstange ihres Mannes gesetzt.

Dass unsere Kinder lange Strecken zu Fuß bewältigen können, wissen wir. Der springende Punkt ist aber nicht die körperliche Fitness, sondern ihr mentales Durchhaltevermögen. Wo ein Wille ist, ist auch ein Weg. Jeder Tag beginnt und endet in unserem Haushalt mit einem Hunde-Waldspaziergang, zu dem unsere Kinder uns oft begleiten. Keine endlosen Märsche, aber das Sich-Überwinden wird auf diese Weise zur Routine. Von Anfang an. Egal ob es regnet oder schneit, die Sonne knallt oder andere Verlockungen an uns zerren. Selbstverständlich sind auch Jens und ich manchmal gestresst, wenn bei Regen knapp über dem Gefrierpunkt drei Kleinkinder angezogen werden müssen, um ihnen einen Spaziergang in der Abenddämmerung auf matschigen Waldpfaden zu verkaufen. Warum nicht einfach den Weg des geringsten Widerstandes wählen? Das wäre doch viel einfacher. Zumindest für den Moment.

Was uns als Eltern anfangs viel Kraft kostet, weil wir permanent aufmuntern, motivieren, spielerisch Mut zusprechen, macht sich auf Reisen bezahlt. Die müssen ja nicht immer in körperlichen Höchstleistungen enden. Aber jede Reise bringt unerwartete Momente mit sich, erfordert Geduld von Groß und Klein und manchmal auch die Fähigkeit, die eigenen Bedürfnisse einen Moment zurückzunehmen.

Ja, Willensstärke und Durchhaltevermögen zahlen sich besonders auf Reisen in vielen Situationen aus. Aber: Können Sie von einem Flachländer ohne Bergerfahrung erwarten, den Mount Everest ohne Training zu besteigen? So geht es unseren Kindern. Wenn wir ihnen im Alltag jede Hürde aus dem Weg räumen, wäre es schlicht unfair, unterwegs plötzlich von ihnen Durchhaltevermögen und Willensstärke zu erwarten. Aber so etwas kann geübt werden. Das Reisen auch. Warum also nicht gleich von Anfang an? Früh übt sich ...

»Meldet euch, wenn ihr angekommen seid. Ich will unbedingt wissen, ob ihr das wirklich geschafft habt!« Mit diesen Worten verabschiedet uns der österreichische Wirt, als wir zu unserer ersten Tagesetappe der Transalp aufbrechen. Wir müssen ein sehr seltsames Bild abgeben. Zwei Erwachsene, die jeweils einen völlig überladenen Fahrradanhänger an einer Deichsel hinter sich herziehen. Umringt von vier Kindern und behängt mit offensichtlich viel zu schweren Proviant- und Fotorucksäcken.

Ich werde den Verdacht nicht los, dass der gute Mann beim Abschied eigentlich etwas ganz anderes sagen wollte. In etwa so: »Ihr seid bekloppt!« Dafür war er aber zu höflich.

Dabei hätte er mit einer solchen Meinung nicht allein dagestanden.

»Ich traue euch ja viel zu, aber wie soll Frieda so weit laufen können?«, wollte eine Freundin kurz vor unserer Abreise nach Österreich wissen.

»Eure Kinder werden in Grönland von Eisbären gefressen!«, war sich ein Freund vor unserem ersten Arktisabenteuer sicher.

»Wisst ihr, dass Australien der Kontinent mit den giftigsten Tieren der Welt ist?«, versuchten Verwandte, uns zur Vernunft zu bringen, bevor wir für ein Jahr zu unseren Antipoden umzogen.

Weil wir, auch wenn es auf besorgte Mitmenschen manchmal anders wirken mag, keine Rabeneltern sind, haben wir nicht nur die eigenen, sondern auch die Bedürfnisse unserer Kinder im Blick. Deshalb haken wir regelmäßig bei ihnen nach: Welche Reise würdet ihr am liebsten wiederholen? Und warum?

Die Hitliste wird angeführt von »noch einmal über die Alpen laufen« (Mio schlug kürzlich vor, auf dem Weg so viele Plastikflaschen zu sammeln, dass wir daraus ein Floß bauen und uns nach einer erneuten Transalp von Norditalien bis nach Venedig treiben lassen könnten), gefolgt von »Ostgrönland – aber nur im Winter!« und »durch Albanien reiten«.

Und das, obwohl sie bei Variante eins täglich acht Stunden zu Fuß unterwegs waren, bei Variante zwei unsere Hütte so kalt war, dass selbst der Urin im Nachteimer nach kurzer Zeit gefror, und wir in Albanien bei 42 Grad im Schatten auf eher eigensinnigen Pferden von morgens bis abends unsere Hintern in den Sätteln wund scheuerten.

Da liegt die Frage nah, was genau eigentlich Kinder an solchen Reisen fasziniert.

»Ausgerechnet Alpen, Ostgrönland und Albanien? Warum?«

»Weil die Leute da so nett waren und weil wir unsere Freunde wiedersehen wollen!«

Es hat ganz offensichtlich gefunkt!

Und diese intakte Chemie macht es leichter, über den Trennungsschmerz von Familie und Freunden hinwegzukommen.

Mio hängt so sehr an seinen Großeltern, dass er vor der ersten Abreise nach Grönland dicke Tränen verdrückt. Hannah klammert sich an ihren schnurrenden Kater und flüstert ihm herzzerreißende Abschiedsworte zu. Dass wir »schon« in zwei Monaten wieder zu Hause sein werden, ist in solchen Momenten ein geringer Trost. Was ist schon der Unterschied zwischen zwei Wochen, zwei Monaten und zwei Jahren (Hannah fragte mich noch in der ersten Klasse, ob ich eigentlich 38 oder 83 Jahre alt sei – beides aus ihrer Perspektive jenseits von Gut und Böse)?

Für Kleinkinder ist »Zeit« ein diffuser Begriff. Ihnen fehlt ganz einfach noch die Fähigkeit, eine Handlungsdauer zu erfassen. Gerade deshalb bin ich vor der Abreise nach Grönland von den herzzerreißenden Abschiedsszenen so bewegt (und von schlechtem Gewissen geplagt), dass ich in der Nacht für jedes Kind ein Amulett bastle mit den Fotos ihrer Liebsten. Zum einen haben sie so die Bilder der Großeltern, der Haustiere und der besten Freunde direkt bei sich, zum anderen können sie damit ihren neuen Freunden einen kleinen visuellen Einblick in das vermitteln, was ihr Leben zu Hause ausmacht.

Als wir Ostgrönland nach sechs Wochen schließlich wieder verlassen, schlägt Hannah vor, wir sollten doch lieber hierbleiben. Für immer. Nur ihr Kater, findet sie, müsse dringend nachkommen.

Wir »Spießer-Eltern« wollen aber erst mal wieder nach Hause reisen – um unsere journalistische Arbeit fortzusetzen und auch, um ein Jahr später nach Ostgrönland zurückzukehren. Ich gebe unseren Kindern deshalb ein Versprechen: »Wenn wir wieder in Grönland sind, besuchen wir eure besten Freunde in Tiniteqilaaq.«

Als es so weit ist, verfluche ich mich jedoch dafür. Denn das ist kein unkompliziertes Unterfangen. Die kleine Siedlung liegt drei Bootsstunden von der Hauptsiedlung entfernt. Ein Boot muss gemietet, ein Jäger gefunden werden, und das Wetter muss auch noch mitspielen. Jens ist derart beschäftigt mit unserer Reportage, dass er sich kein Zeitfenster für den Ausflug freischaufeln kann. Natürlich ist das kein hindernisfreier Wochenendausflug ins hessische Umland, aber ich will nicht als »Schaumschlägerin« dastehen, die ihre Versprechen nicht einhält, also bleibt mir gar nichts anderes übrig, als allein mit den Kindern nach Tinit zu reisen und dort eine Woche lang die Hütte einer Familie zu beziehen.

Wir machen uns tatsächlich zu fünft auf den Weg. Vito, einer der Jäger der Siedlung, holt uns ab und brettert in Höchstgeschwindigkeit über den eiskalten Polarstrom. Schon nach wenigen Minuten sind wir steif gefroren, und bei jedem Eisberg, dem wir uns im zunehmenden Nebel rasant schnell nähern, halte ich die Luft an. Trotz der Kälte und der Strapazen strahlen unsere Kinder in Vorfreude auf das Wiedersehen – von dem ihre Freunde ja noch nicht einmal die leiseste Ahnung haben. Kaum landet Vito das Boot an den Felsen an, klettern die Kinder völlig selbstverständlich Richtung Siedlung davon. Ich hechle hinterher.

Orpa ist die Erste, der wir begegnen. Das Mädchen sieht uns, schlägt sich die Hand auf den Mund und stürmt auf uns zu. Minutenlang liegen sich die Kinder in den Armen. Das Kinder-Knäuel wird immer größer. Ich kann Ihnen versichern: Diesen Moment werde ich niemals vergessen. Am liebsten würde ich ihn in ein Marmeladenglas packen, oder von mir aus in eine rostige Bockwurstdose. Hauptsache, irgendwie für immer festhalten. Dass dabei alle Strapazen verblassen, erklärt sich von selbst.

Übrigens haben unsere lieben Freunde und Familie ja nicht ganz unrecht mit dem Hinweis auf potenzielle Gefahren, auf die sie uns wohlmeinend bei der Reiseplanung hinweisen. Ich glaube allerdings, sie haben mittlerweile die Hoffnung aufgegeben, uns damit sesshaft zu machen.

Jens und ich liegen in einer kalten Winternacht zu Hause in Deutschland unter unserem Dachfenster, mit Blick in den Sternenhimmel. Die Stille der Winternächte ist für uns immer die beste Gelegenheit, Erlebtes Revue passieren zu lassen und neue Pläne zu schmieden. Am meisten Spaß macht das, wenn wir uns dabei selbst ein bisschen auf die Schippe nehmen.

»Weißt du, wovor ich auf allen Reisen am allermeisten Angst hatte?«, fragt Jens.

»Eisbären?«

»Nö!«

»Vor einem Flugzeugabsturz?«

»Auch nicht.«

»Krätze? Lost luggage? Chinesische Behörden?«

Jens grinst.

»Was denn jetzt?«

»Erinnerst du dich an unseren ersten Tag in Tiniteqilaaq? Der Toiletteneimer war bis oben hin gefüllt. Und ich hatte keine Ahnung, wohin damit. Bis Tobias mich wie einen Vollidioten ansah und klare Anweisungen gab: »Raus damit, in den Fjord!« Auf keiner Reise gab es einen gefährlicheren Moment als den, als ich mit einem Vierzig-Liter-Eimer voller Exkremente in der Dunkelheit den vereisten Hang zum

Fjord runterrutschte. Ich war mir sicher, irgendwann in unserem eigenen Toiletteneimer zu ersaufen, bei minus zwanzig Grad Celsius.«

Ja, es stimmt, Gefahren lauern überall.

Vor allem dort, wo wir sie gar nicht erwarten würden.

Let's jam!

Wie heilsam zeitlicher Abstand ist! Im Rückblick wird die größte Strapaze zum Spaziergang durch den Stadtpark. Eine Reise voller nervenaufreibender Berg- und Talfahrten zum heldenhaften Abenteuer. Ein grässlich pampiges Abendessen in einer kenianischen Straßenspelunke zum exotischen Mahl mit hohem Authentizitäts-Faktor.

Wenn Jens und ich mit rosaroter Brille an Grönland denken, sehnsuchtsvoll seufzend Bilder aus Indien sortieren oder die letzte Panne mit unserem Feuerwehrlaster (norwegische Passstraße, einspurig wegen Bauarbeiten, in der Dämmerung) fast zu verdrängen schaffen, landen wir meist ziemlich schnell und unsanft auf dem Boden.

Warum?

Unsere Kinder schreiben Tagebuch.

Was wir daraus erfahren, ist erstaunlich. Manchmal geradezu verwirrend. Weil wir feststellen, dass wir uns an völlig falscher Stelle graue Haare haben wachsen lassen, dafür aber die Brisanz anderer Situationen schon mal unterschätzt haben.

Während noch die letzten Vorbereitungen für die Reise getroffen werden, lese ich. Es ist ein besonderes Buch, durch das ich mich gerade quäle. Ich habe es zum Geburtstag bekommen, und nun bin ich endlich beim letzten Kapitel angelangt. Und das wird auch Zeit. Der Buchtitel verrät etwas über meinen momentanen Zustand: »Gelassen fliegen.« Ja, ich leide unter Flugangst. Nicht sehr praktisch bei diesen reiselustigen Eltern, vertraut Paula vor der Abreise nach Ostgrönland der ersten Seite ihres Tagebuchs an.

Während Jens und ich also damit beschäftigt sind, unsere eigenen Baustellen in den Griff zu bekommen, beschäftigen sich unsere Kinder mit ganz anderen Themen.

Warum fliegen Flugzeuge überhaupt?

Friert mein Plüsch-Eisbär in Grönland?

Erkennt mein Kater mich wieder, wenn ich zurückkomme?

Mio hadert auch weiterhin vor jeder Abreise mit dem bevorstehenden Abschied von Freunden und Familie. Von allen Familienmitgliedern benötigt er am dringendsten eine feste Struktur. Ein Ziel am Horizont. Eine schützende Hülle.

Es liegt an Jens und mir, ihm ein Gefühl von Beständigkeit zu vermitteln, während wir als Nomaden auf Zeit durch die Welt ziehen.

Wer Kinder hat, weiß, wie wichtig in diesem Zusammenhang Gewohnheiten und Rituale sind. Und wie leicht sie uns das Leben machen können. Was sich wiederholt, ist für Kinder vorhersehbar, und Vorhersehbarkeit vermittelt Sicherheit. Unser ganzer Alltag besteht aus solchen in Fleisch und

Blut übergegangenen Handlungen, schon am frühen Morgen im Badezimmer. Unser ganzes Jahr ist durchdrungen von regelmäßigen Abläufen, von kleinen Ritualen, Begrüßungsformeln, Mustern sozialer Interaktion, aber auch von größeren Zeremonien, die sich am Verlauf der Jahreszeiten orientieren und die sich Jahr für Jahr wiederholen: Kürbisschnitzen für Halloween, das Haus schmücken für die Adventszeit, Weihnachten, Ostern und so weiter. Sie sind der Fels in der Brandung. Das, was bleibt, auch wenn sich im Umfeld alles verändert. Und es ist gar nicht so schwer, Kindern auch auf Reisen einen festen Rahmen zu geben.

Sicherheit kann drei mal vier Meter klein sein.

Eine Tür, zwei winzige Fenster, ein Doppelstockbett, die Küche ein portabler Zweiflammen-Gasherd. Unser »dicker B«, wie Paula den Magirus Baujahr '67 taufte, ist alles andere als eine Luxusunterkunft. Rostiges Blech, von dem die rote Farbe abblättert. Ganz sicher bietet er weit weniger Komfort als jedes Wohnmobil von der Stange. Keine Dusche, Toilette Fehlanzeige. Jedes Familienmitglied hat darin exakt eine Kunststoffkiste zur Verfügung, um Kleidung und persönliche Dinge zu verstauen (Fernglas, ein Stück Robbenfell als Erinnerung an Grönland, gesammelte Steine, Spardose …).

Genau genommen ist der »dicke B« nicht viel mehr als ein Bauwagen (ohne Räder, versteht sich), befestigt auf der Pritsche eines in die Jahre gekommenen ehemaligen Feuerwehrfahrzeugs. Das Ding ist laut, stinkig, langsam und teuer. Für unsere Kinder aber ist der Magirus mobile Heimat oder treue Hülle in stürmischen Zeiten. Zweimal erreichen wir mit ihm den Norden Lapplands. Viele Monate lang ist er Lese-,

Arbeits-, Spiel-, Ess-, Schlaf- und Wohnzimmer (erinnern Sie sich an die Größe!). Er ist da. Immer wenn die Kinder sich darin verkriechen wollen.

Vorhersehbarkeit kann aber auch nur drei Kilo leicht sein.

Nachdem Mio in Grönland den schwersten epileptischen Anfall seines bisherigen Lebens hatte (auf medizinische Vorkehrungen und Maßnahmen gehe ich später noch ein), hadern wir heftig mit unseren weiteren Reiseplänen: Ist es ratsam, jetzt sofort nach Hause zu fahren, oder können und wollen wir unsere Reise in Island fortsetzen? Ein Kinderarzt vor Ort gibt grünes Licht, und somit liegt die Entscheidung bei Mio.

»Möchtest du noch weiterreisen?«

»Wo schlafen wir in Island?«, antwortet er mit einer Gegenfrage.

»In unserem Zelt.«

»Immer?«, vergewissert er sich.

»Wenn du magst.«

»Dann will ich nicht nach Hause fahren!«

Wenn Sie selbst schon mehrere Wochen im eigenen Zelt zugebracht haben, dann wissen Sie: Das ist »mobile Heimat light«. Drei Kilo leicht. Vertraute Farben, wenn die Morgensonne durch die Planen dringt, vertraute Gerüche, wenn der Schlafsack den Körper umhüllt, vertraute Geräusche, wenn der Wind über das Zelt fegt oder die letzte Nachteule nach dem Erlöschen des Lagerfeuers den Reißverschluss hinter sich zuzieht. Auf manchen Reisen gewöhnen sich unsere Kinder so sehr an unsere Zelte, dass sie uns dazu bringen, sie sogar mitten im Hotelzimmer aufzubauen.

Beständigkeit kann in einen kleinen Rucksack passen.

Was einmal ein kugelrunder, plüschiger Eisbär war, ist heute nur noch ein Schatten seiner selbst. Ein labberiges Stück Kunstfell mit nur noch einem Auge (das zweite hat ihm ein Hund abgeknabbert) und knubbeliger Nase. Hannah geht auf keine Reise ohne dieses Wesen, das so wunderbar nach Zuhause riecht. Selbst bei akutem Platzmangel findet sie immer eine Möglichkeit, diesen Bären in einen Rucksack, eine Tasche oder zur Not einfach unter ihre Jacke zu stopfen. Unmöglich, ihn mal in der Heimat zurückzulassen. Und dann – ausgerechnet in Grönland will sich das Tier aus dem Staub machen. Wir haben gerade mit dem Check-in für den Rückflug (Tasiilaq–Kulusuk–Reykjavík–Frankfurt) begonnen. Hannah hängt schluchzend am Hals unseres Freundes Robert Peroni, den sie nicht mehr verlassen will. Zum Trost möchte ich ihr den Eisbären unterschieben und dann nichts wie ab durch die Kontrolle. Aber von dem Vieh keine Spur.

»Hannah, wo ist dein Eisbär?«

»Im Rucksack!«

»Da ist er nicht. Wo hattest du ihn zuletzt?«

»Bei Robi, im Roten Haus.«

Ich hege bis heute den Verdacht, dass Hannah und ihr Bär sich abgesprochen hatten. Den Flug erwischten wir aber dennoch, samt Hannah und Eisbär im Gepäck.

Mios Heimat ist rund und passt in jede Hosentasche: ein aufblasbarer Ball, der auf zugefrorenen arktischen Fjorden ebenso zum Einsatz kommt wie auf den roten Dünen der Kalahari, an australischen Traumstränden oder mitten in Venedig. Wo immer wir ankommen: Als Erstes sucht Mio sich ein Plätzchen für Dribbelübungen. Das immer gleiche Ritual, egal wo wir uns gerade befinden.

Und er bleibt nicht lange allein. Als Fußballmuffel war es für mich lange nicht nachvollziehbar, warum ausgerechnet diese Sportart zur »gemeinsamen Weltsprache« wurde, wie der ungarische Schriftsteller Péter Esterházy die Jagd nach dem ledernen Rund einst bezeichnete. Unterwegs mit unseren Kindern kann ich ihm nur zustimmen. Fußball ist eine Sprache, die immer und überall ganz ohne Worte funktioniert.

Wenn Frieda unterwegs abschalten und entspannen will, hat sie ihr persönliches Stückchen Heimat im Rucksack. Neunzehn Gramm leicht und so klein wie ein Päckchen Kaugummi. Auf ihrem MP3-Player sind fünfzehn verschiedene Hörspiele hinterlegt. Sie kennt sie auswendig, von Anfang bis Ende. Langweilig? Im Gegenteil: Genau darin liegt der Reiz.

Ähnlich funktioniert auch Paulas E-Book-Reader. Eine ganze Bibliothek hat darin Platz, aber wenn es hart auf hart kommt und Paula von äußeren Umständen überfordert und von Heimweh geplagt ist, liest sie dieselben Bücher – immer wieder. Die Figuren darin sind wie alte Bekannte, ihre Handlungen absehbar, ihre Kommunikationsformen vertraut.

Zusammengenommen wiegt das, was unseren Kindern ein Gefühl von Heimat vermittelt, weniger als ein Kilogramm und passt in einen Kindergartenrucksack.

Es geht sogar noch leichter, denn Heimat kann immateriell sein.

Je mehr bekannte Rituale wir auf unseren Reisen beibehalten, umso sicherer fühlen sich unsere Kinder und umso größer ist ihre Kapazität, sich auf Unbekanntes einzulassen. Unbekanntes und Neues kann schließlich ziemlich verunsichern. Zu Hause lieb gewonnene Rituale sind unterwegs feste Konstanten, die bleiben, auch wenn sich rundherum die Welt verändert. Hannah beharrt darauf, jeden Abend vorgelesen zu bekommen. Selbst jetzt noch, wo sie längst in der Lage ist, ganze Romane zu bewältigen. Das abendliche Vorleseritual ist eine Gewohnheit, die wir mit großer Achtsamkeit für den Moment vollziehen. Manchmal verbunden mit einer anschließenden Rückenmassage, die jedes Kind zur Ruhe kommen lässt.

Paulas Reiseritual ist das Tagebuchschreiben. Nur unterwegs zieht sie sich regelmäßig zurück, sucht sich Orte, an denen sie sich inspiriert fühlt, und schreibt. Das kann ein stabiler Ast sein, der sich über einen Fluss streckt, ein von der Sonne gewärmter Fels, eine Schäferhöhle oder ihr Bett im »dicken B«.

Auch Stifte haben wir immer im Gepäck, denn was für Paula das Schreiben, ist für ihre Geschwister das Malen. Stundenlang ziehen sie sich zurück und verdauen beim Malen das Erlebte. Manchmal leider mit ungeahnten Folgen. Wie beim Besuch in Robert Peronis Rotem Haus in Ostgrönland.

Jens und ich sind gerade dabei, unsere Taschen zu packen für die Weiterreise in die kleine Siedlung Tinit, als Paula aufgeregt hereinplatzt: »Ihr müsst kommen. Die Kleinen haben Mist gebaut.«

»Die Kleinen«, wie Mio, Hannah und Frieda zu ihrem Leidwesen manchmal von uns in einen Topf geworfen werden, hatten sich in Roberts Essbereich zurückgezogen, und zwar mit ihren Wachsmalblöckchen. Wer auf die Idee gekommen ist, die frisch getünchte weiße Wand hinter den Esstischen zu verschönern, lässt sich nicht mehr rekonstruieren. Es würde sowieso keinen Unterschied machen. Sie ist jetzt bunt. Dicke Wachsspuren ziehen den Blick direkt auf die Fläche, in die das große Panoramafenster mit Blick auf den Fjord eingelassen ist. Roberts gelassene Reaktion ist ein mildes Lächeln, gefolgt von einem Lob für die schöne Farbwahl.

Gerade in der dunklen und kalten Jahreszeit nehmen wir uns gern als Familie eine Auszeit, zünden ein paar Kerzen an, kochen Tee, stellen Kekse auf den Tisch – und spielen etwas. Am liebsten »Skip-Bo« und »Die Siedler von Catan«. Zumindest das Kartenspiel passt in jeden Rucksack. Besonders nördlich des Polarkreises ziehen wir uns regelmäßig in unsere vier Wände zurück (egal ob sie aus Zeltplane, Blech, Holz oder Stein bestehen) und nehmen uns die Zeit, aus der Welt um uns herum auszusteigen, wo auch immer unser Nomadentum uns gerade hingebracht hat.

Falls Sie beim Lesen jetzt befürchten, dass Sie im Alltag gar keine besonderen Rituale haben, die Sie unterwegs aufgreifen können: Graben Sie ein bisschen – ich bin mir sicher, Sie werden fündig. Und sonst führen Sie ganz einfach neue Rituale ein. Denn das ist das Schöne – Rituale können jederzeit und von jedermann ins Leben gerufen werden.

Vielleicht beschleicht Sie beim Lesen noch ein Gedanke: »Die ticken ja alle gleich, die Steingässers. Kein Wunder, dass die es lange unterwegs miteinander aushalten.«

Tun wir nicht.

Deshalb gehört für uns zum »Eingrooven« auch dazu, dass zusätzlich zum Familienrhythmus jedes Familienmitglied auch mal ein Solo spielen darf. Das gleiche Grundprinzip kommt schon bei der Auswahl unserer Reiseziele zum Tragen. Der kleinste gemeinsame Nenner taugt für uns nicht, denn dann würden wir uns nie einigen. Also kommt jeder mal zum Zug. Sie ahnen jetzt sicher, wie viele Sturköpfe unsere Familie zählt.

Das macht die Sache nicht leicht.

Es macht sie sogar noch viel leichter.

Seit nämlich feststeht, dass jeder seine Vorlieben unterwegs ausleben darf, gibt es kaum noch Gemosere an Tagen, die nicht ganz nach Kindergeschmack verlaufen. Besonders wenn Jens und ich arbeitsreiche Tage mit vielen Interviewterminen haben.

Auf einer Reise durch Skandinavien finden wir einmal selbst nach langem Suchen keinen zufriedenstellenden Platz, an dem wir unseren Feuerwehrlaster für die Nacht parken wollen. Jens ist mittlerweile müde, die Kinder quengeln, und unser aller Nerven sind gespannt. »Am Wochenende dürft ihr entscheiden, was der Plan für den Tag ist«, verspreche ich den Kindern in der Hoffnung, ihre Laune damit zu verbessern.

An einer verlassenen Kiesgrube biegt Jens ab. Zwischen Bergen aus Kies und Sand erstreckt sich eine ebene Fläche. Nicht gerade meine Vorstellung von einem finnischen Rastplatz mit atemberaubender Natur, aber besser als nichts. Außerdem wollen wir am kommenden Tag gleich früh aufbrechen, um das Haus unserer Freunde auf dem finnischen Turku-Archipel zu erreichen. So weit mein Plan.

Als unsere Kinder am Morgen aufwachen und aus dem Fenster blicken, können sie ihr Glück nicht fassen. Wie toll, dass wir extra für sie zu diesem überdimensionierten Spielplatz gefahren sind. Sand und Kies im Überfluss, ganze Gebirge aus bespielbarem Material erstrecken sich vor ihnen. Weit und breit keine Straße und auch kein weiteres Kind, mit dem geteilt werden müsste. Kurzum, wir sind in »Children's Paradise« angekommen. Glauben Sie bloß nicht, dass hier noch irgendwelche Erwachsenenargumente helfen.

Das Zeug gehört jemandem? Zeig mir, wem!

Wir müssen bald in Turku sein? Ja, bald. Kleinkinder und die Zeit, Sie erinnern sich?

Wir haben nicht genug Essen an Bord? Müsli reicht!

Am Ende wurde es ein Kindertag nach Steingässer-Geschmack. Raten Sie mal, wann wir weiterfuhren …

Kinder haben das weitaus größere Improvisationstalent. Sie sind schneller bereit, sich mit Situationen anzufreunden, die wir als langweilig, uninteressant, unbequem, wenig zielführend, insgesamt also unhaltbar empfinden.

In Albanien haben wir zwei physisch anstrengende Wochen auf dem Pferderücken hinter uns. Zeit, den Kindern das Zepter zu überlassen. Es liegt in ihren Händen, was die nächsten Tage uns bescheren werden, bevor wir zur Paddeltour auf der Vjosa aufbrechen. Das gewählte Programm ist so simpel und gleichzeitig beglückend für unseren Nachwuchs, dass wir es kaum fassen können. Alle vier beschließen, einen ganzen Tag lang im Stall unserer Gastfamilie mit den Hundewelpen zu verbringen. Sie schleppen die dickbäuchigen Kerlchen durch die Gegend, füttern die ermatteten Hundemütter, glucksen vor Vergnügen, wenn ein erschöpfter Welpe in ihren Armen einschläft, und versuchen zwischendurch, uns zur Familienvergrößerung (»am besten für jedes Kind ein eigener Hund«) zu überreden.

Soziologen, Psychologen, Pädagogen hätten ihren Spaß, wenn sie sähen, was passiert, sobald unsere Kinder das Sagen haben. Wir sind selbst oft ehrlich erstaunt, wenn sie uns direkt den Spiegel vorhalten.

Für eine Reportage über »Paulas Sicht« auf die Welt sind wir für das *Reportagemagazin mit dem grünen Umschlag* in Italien unterwegs. Jens verspricht schon am ersten Tag Eis in Hülle und Fülle, sollte Paula (damals sechs) sich einigermaßen an die Spielregeln halten. Am zweiten Tag weigert sich Paula, auch nur eine Kugel Eis zu sich zu nehmen. Stattdessen fordert sie etwas ein, was wir seitdem immer mal wieder einplanen, wenn der Stresspegel unterwegs bei unseren Kindern steigt: den Kinder-Bestimmer-Tag.

Nachdem die Reportage im Kasten ist, kommt ihr großer Auftritt. Forsch fordert Paula Jens auf, ihr seine Kamera zu überlassen. Einen Tag lang positioniert sie ihren nervigen Fotografen-Vater in Venedig: »Noch ein bisschen nach links… nein, zurück… halt, das war zu viel… jetzt lachen… stopp! Deine Haare hängen ins Gesicht… halt bitte still…« Und als Jens absolut keine Lust mehr hat, zieht sie den Trumpf aus dem Ärmel: »Wenn du jetzt mitmachst, kannst du so viel Eis essen, wie du magst. Das ist doch toll, oder?«

Schlaues Kind! Den Rest des Tages verbringen wir auf dem Markusplatz, zwischen Myriaden von kackenden Tauben und mit einer höchst zufriedenen Paula.

Unterwegs dürfen alle Familienmitglieder sich abwechselnd Auszeiten nehmen. Jens geht in Grönland allein mit seinem Splitboard auf Tour, Paula und ich können Island nicht verlassen, ohne einen Reitausflug gemacht zu haben, Mio ist in der Familie der Einzige, der tagelang geduldig am Ufer eines Sees ausharrt in der Hoffnung auf einen guten Fang. Warum den Rest der Familie zu seinem Glück zwingen, wenn das Ergebnis eine ernüchternde Dauerbeschwerde darüber einbringen würde, was für eine Zumutung die gerade stattfindende Aktivität sei? Dann doch lieber allein losziehen.

Gerade für Jens und mich ist es grandios, ab und zu mal Reißaus zu nehmen. Die Wahl der Aktivitäten ist dabei für den jeweils anderen nicht unbedingt nachvollziehbar. Das muss sie auch nicht sein. Im grönländischen Sommer setzt Jens sich in den Kopf, einige Tage das Inlandeis mit dem Mountainbike zu erkunden und zu fotografieren. Stellen Sie sich das mal bildlich vor. Ich glaube, er ist der Erste, der einen Jäger bittet, ihn samt Fahrrad mit Spikes, Zelt und Campingequipment zum Rand des grönländischen Eisschildes zu bringen.

Rasmus Maratse hat vermutlich kein Verständnis für dieses Vorhaben, dafür aber Mitleid. Vor allem nachdem Jens sich schon beim Einstieg in dessen Boot als Mann mit zwei linken Füßen seinen Ruf ruiniert: Rasmus ist gerade dabei, das Fahrrad in den hinteren Teil seines Boots zu verladen, als Jens auf den Ufersteinen ausrutscht und in den Polarstrom gleitet. Ganz langsam, wie in einem Witzfilm. Weg ist er. Rasmus hat sicher schon viel gesehen, aber das Spektakel quittiert er mit sonorem Lachen. Spätestens jetzt hätte ich diese – aus meiner Sicht – Schnapsidee aufgegeben. Aber Jens hat schließlich eine Mission.

Während die Kinder und ich uns die Zeit in einer kleinen Siedlung vertreiben, indem wir Freunde besuchen, vom Ufer aus nach Walen Ausschau halten und unser Grönlandquiz spielen (»Welcher Eisberg kippt als Nächstes?«), braut sich über dem Inlandeis ein Sturm zusammen. Raues Meer, fettschwarze Wolken. Nur wenige Stunden, nachdem wir uns von Jens verabschiedet haben, läuft in der kleinen Siedlung Rasmus' Boot wieder ein. Jens kommt über den Anlegesteg geschlendert, wo wir gerade die Teile begutachten, die zum Bau einer Fünf-Sterne-Lodge angeliefert wurden. Ich gebe zu, ich bin ein bisschen froh! Anders als ich mir das auf die Schnelle zusammenreime, ist Jens' Alleingang allerdings keineswegs beendet. Er hat lediglich festgestellt, dass er mit den Wanderschuhen, die bei seinem Bad im Polarstrom durchgeweicht wurden, kein Inlandeis würde erkunden können. Nun ist er auf Kurzbesuch zurück und hat ein klares Ziel: Schuhtausch mit Paula, die zu ihrem Leidwesen die gleiche Schuhgröße hat wie ihr Vater.

Jens und Rasmus bleiben daraufhin vierundzwanzig Stunden verschollen. Der Sturm treibt Unmengen Eisberge durch die Bucht. Am kommenden Tag tauchen die beiden Männer wieder auf. Nein, das Inlandeis hat er nur am Rande erkunden können, erklärt Jens. Und in der Nacht haben weder Rasmus noch er ein Auge zugetan, weil der Sturm so heftig am Zelt gerüttelt hat. Trotzdem ist Jens überglücklich. »Eines der tollsten Erlebnisse der letzten Wochen!« Hm, über Geschmack lässt sich bekanntlich streiten.

Genauso wenig muss der Rest der Familie nachvollziehen können, warum Paula und ich überglücklich von drei Reittagen auf Island berichten, in denen Paulas Pferd durchgegangen, meine Sattelgurtaufhängung gerissen ist und wir in den Pausen wie Eisklötze vom Pferderücken geglitten waren.

Ich glaube, ich lehne mich nicht zu weit aus dem Fenster, wenn ich behaupte, dass wir uns als Familie auf Reisen erfolgreich eingegroovt haben. Also trauen Sie sich: Finden Sie mehr über die seltsamen Interessen und womöglich schrulligen Leidenschaften Ihrer Liebsten heraus – und lassen Sie sie gewähren. Das birgt weit weniger Streitpotenzial als gegenseitige Verbote und Vorhaltungen und führt mitunter zu großartigen Erlebnissen!

Schlittenhunde mögen kein Falafel

Berechenbarkeit. Nicht gerade meine Haupttugend. Dabei kann eine Vorhersehbarkeit menschlichen Handelns ziemlich hilfreich sein. Schließlich erleichtert sie soziale Interaktion ungemein. Und sie kann auch wohltuend schmeichelhaft sein. Wenn wir etwa unsere Klimawandel-Reportage zeigen, quittieren Zuschauer unsere Arbeit zuverlässig an einer Stelle mit Lachen: Immer dann, wenn Frieda ihre weitreichende Feststellung macht: Grönländische Schlittenhunde essen keine Falafel. »Wir haben es probiert, aber sie mögen sie einfach nicht!«

Das klingt aus dem Mund eines Kleinkinds wie eine putzige Banalität, ist aber aus verschiedenen Gründen eine erstaunliche Feststellung. Grönland und Falafel sind für mich nämlich auf ewig untrennbar miteinander verbunden. Als wir zu unserer ersten Grönlandreise aufbrechen, liegt eine der größten Verunsicherungen für mich in der Frage, wie wir uns als vegetarisch-vegane Familie in einem Land wohl versorgen können, in dem kaum Obst und Gemüse angebaut wird. Wo bis zur Eröffnung des ersten winzigen Lebensmittelmarkts die einzige Vitamin-C-Quelle aus Mattak bestand – Walhaut mit darunter liegendem Speck. Ich weiß, dass es im »Pilersuisoq« ausgesuchte Gemüsesorten in Dosen oder aus der Tiefkühltruhe geben wird. Die Supermarktregale in der größten Siedlung sind immerhin mit einer minimalen Auswahl an frischem Obst und Gemüse bestückt. Aber wie würde das in den viel kleineren Siedlungen sein? Versorgungsschiffe kommen nur zwischen Juni und Oktober in den Hafen. Was zwischenzeitlich im Supermarkt ausgeht, wird nicht wieder aufgefüllt.

Sie werden sicher Verständnis dafür haben, dass ich auf Nummer sicher gehen will. Zu meinen Vorkehrungen gehören, das wissen Sie jetzt schon, Falafel. Genauer gesagt Falafelmischungen, die mit Wasser verrührt und in Öl gebraten für uns den perfekten Reiseproviant darstellen. Das Zeug wiegt nicht viel, die fertigen Kichererbsenbällchen können mit Fingern gegessen werden, geben selbst kalt eine passable Mahlzeit ab und lassen sich in allerkleinsten Packlücken verstauen. Sie sind unauffällige Komplizen, wenn es darum geht, Essgewohnheiten zu vertuschen, ohne dabei hungern zu müssen.

Verstehen Sie mich nicht falsch. Wenn es fleischlose Speisen gibt, probieren wir alles, was auf den Tisch kommt. Um schon im Vorhinein Missverständnisse zu vermeiden, erkläre ich von Anfang an, dass wir nichts essen, was vom Tier kommt. In manchen Ländern stößt das auf verständnisloses Kopfschütteln. Oder auf absurde Versuche, uns trotzdem totes Tier unterzujubeln. Ich erinnere mich an eine Konversation an einer Straßenbude in Brasilien, wo ich ein Sandwich kaufte.

»Ist in diesem Sandwich Fleisch?«, bat ich meine Schwester, die aufgrund ihrer Portugiesischkenntnisse immer wieder für eine *Carioca* (eine Einwohnerin von Rio) gehalten wird, zu übersetzen.

»Nein, es ist ganz ohne Fleisch«, versicherte ihr der Verkäufer.

»Ganz sicher?«

»Natürlich!«

Ich zahlte das Sandwich, biss hinein und landete auf einer Scheibe Wurst.

»Da ist ja doch Fleisch drin!«, beschwerte sich meine Schwester.

»Das? Ach was, das ist doch gar kein richtiges Fleisch!«

Ganz anders sieht es aus, wenn ich meine Essgewohnheiten auf gesundheitliche Gründe schiebe. Fleisch – darf ich nicht. Eier? Ganz üble Allergie. Meist werde ich dann bemitleidet. Was für ein armseliges Leben! Spätestens wenn unsere Gastgeber sehen, welche Unmengen von Reis mit Dhal, gefüllten Auberginen, Paprikaeintopf oder sonstigen lokalen Spezialitäten wir verschlingen, sind sie wieder besänftigt. Nur einmal ging der Schuss nach hinten los. Ich war eine sechzehnjährige Schülerin und drei Monate in einer bolivianischen Gastfamilie in La Paz untergebracht. Mein Austauschbruder hatte bereits sechs Monate Deutschland hinter sich, wir waren ein eingespieltes Team, und Alfredo hatte seine Eltern vorab gebeten, kein Fleisch für mich auf den Tisch zu stellen. Als wir nach einem langen Flug über Bogotá erschöpft am Tisch meiner neuen Gastfamilie saßen – ich war zudem von den ersten Anzeichen der Höhenkrankheit geplagt (La Paz liegt auf etwa 3500 Meter Höhe) –, trug Natti, das Hausmädchen mit geflochtenen Zöpfen bis zu den Hüften und in typischer Tracht der Andenbewohnerinnen, ein riesiges silbernes Tablett herein und stellte es vor mir ab: trüb gewordene Augen in ganzen Schafschädeln. Mir wurde schlecht – nicht etwa aus Ekel, sondern weil ich nicht wusste, wie ich bei meiner Haltung bleiben konnte, ohne meine Gastgeber vor den Kopf zu stoßen.

Alfredo eilte mir zur Rettung. Er erklärte, dass ich aus medizinischen Gründen kein Fleisch esse und dass mir die Beilagen mehr als ausreichend seien. Da hatte ich die Rechnung aber ohne meinen Gastvater gemacht, der sich natürlich für mich verantwortlich fühlte. Ich musste mich auf einen Kompromiss einlassen: jeden Tag eine Suppe (»Spargelcreme« von Maggi, ohne Widerworte) als Vorspeise, und als Nachtisch Wackelpudding, weil der angeblich gegen Höhenkrankheit helfe. Kein Erbarmen, bis zum letzten Tag. Abgesehen davon habe ich die bolivianische Küche lieben gelernt.

Nirgendwo sonst gibt es eine solche Vielzahl von Kartoffelsorten, meine Leibspeise. Richtig beruhigt war *mi familia* aber erst, als ich in einem Restaurant am Titicacasee einen gebratenen Fisch mit Knoblauchsoße kostete und deutlich zu erkennen gab, wie sehr er mir schmeckte. »Gracias a Dios. Endlich kommt sie zur Vernunft!« Selbst für meinen Heimflug packten sie mir eine Portion *trucha* ein. Seeforelle aus dem Titicacasee. Jetzt, nachdem ich schließlich auf den Geschmack gekommen war.

Man weiß eben nie, was unterwegs alles passiert. Deshalb ist für mich logisch: immer Falafel ins Gepäck.

Es ist fünf Uhr in der Früh, und ich stehe in der »Expeditionsküche« unserer grönländischen Unterkunft. Minus zwanzig Grad Celsius Außentemperatur. Noch ungefähr eine Stunde, dann wachen die Kinder auf. Drei Stunden, dann muss alles gepackt sein. Um neun Uhr warten drei Jäger mit ihren Hundegespannen auf uns am Rande von Tasiilaq. Der Tag wird lang und anstrengend. Da steht nur freiwillig noch früher auf, wer eine echte Mission hat. Fett spritzt, und die Küche riecht wie eine Dönerbude. Egal, Hauptsache unterwegs muss niemand hungern. Dass die Falafel meiner Familie schon langsam zum Hals raushängen, ignoriere ich geflissentlich. Sie werden mir noch dankbar sein!

Acht Stunden später kommt mein großer Einsatz. Ein halber Tag Fahrt auf Hundeschlitten bei eisigen Temperaturen liegt schon hinter uns. Zeit für eine Mittagspause. »Hunger«, höre ich aus Kindermündern. Die Jäger haben pechschwarzen, zuckersüßen Kaffee dabei. Dampfend heiß und verlockend in der Kälte. Aber sonst auch nichts. Die armen Männer! Meine Falafel werden sie stärken. Die Dose macht die Runde.

Ich beobachte Tobias, meinen Schlittenführer. Er beißt genüsslich in ein knusprig braunes, frikadellenähnliches Bällchen – und hält inne. Sein Gesicht spricht Bände. Was ich ihm zumute, ist unzumutbar. Dieser Mann ist noch bis vor dreißig Jahren mit seiner Familie, seinem ganzen Hab und Gut nomadisch hinter den Beutetieren hergezogen, von denen sie sich ernährt haben: Robbe, Wal, Eisbär, Fisch. Die Unverfrorenheit, ihm Kichererbsenbällchen anzubieten, hat sicher noch niemand besessen.

Zu höflich, mich vor den Kopf zu stoßen, spült Tobias seinen Bissen mit Kaffee runter und verharrt, den Falafelrest in der Hand. Als er sich unbeobachtet wähnt, wirft er seinem

Leithund den Brocken zu. Der stürzt sich auf das unerwartete Futter, schnuppert an dem Falafel, wendet sich ab und legt sich (ich behaupte, mit beleidigtem Gesichtsausdruck) in den Schnee zurück. Jens und die Kinder fallen vor Lachen fast vom Schlitten. Übrigens, berichten mir die Männer in der Siedlung, sei ein Land ohne Robbenfleisch auf dem Speiseplan für sie undenkbar. Sie bleiben deshalb aber keineswegs immer auf ihrer Insel hocken. Warum auch? Reisen funktionieren sogar mit einem Stück Robbenfleisch im Gepäck. Auch wenn Falafel selbstverständlich handlicher sind.

Zum Glück ziehen unsere Kinder uns regelmäßig den Kopf aus der Schlinge. Halten die Familienehre hoch, wenn die vegan-vegetarischen Eltern mit ihrer Essensverweigerung einen Eklat auszulösen drohen.

Caroline Mikkaelsen lädt uns ein, ihren Geburtstag mit der Familie zu feiern. Die junge Grönländerin und ihr Sohn Fritz-Nick haben uns gleich nach unserer Ankunft bei Robert Peroni in Ostgrönland in ihr Leben aufgenommen. Regelmäßig sammeln Caroline und Fritz-Nick unsere begeisterten Kinder ein und nehmen sie mit. Zum Beispiel auf Familientour durch die Siedlung. Carolines Sehnsucht nach »Festland-Europa« ist unüberhörbar. Sie kündigt an, bei uns in Deutschland leben zu wollen. Warum? Weil dort die Bäder größer seien als ihr ganzes Häuschen. Woher sie das wisse? Aus dem Fernsehen, natürlich! Kein Einwand meinerseits hilft: Carolines medial geprägtes Bild vom üppigen Leben in Deutschland steht bombenfest. Gleichzeitig ist sie eine der wenigen jungen Grönländerinnen, die verschüttete traditionelle Praktiken und Fertigkeiten wieder voller Stolz in ihren Alltag integrieren.

An ihrem Geburtstag erscheint sie mit einem Geschenk, das sie sich selbst gemacht hat: einem selbst genähten Anorak aus gefärbtem Robbenfell, auf dessen Front die grönländische Flagge (ebenfalls aus Robbenfell) prangt. Nicht ungewöhnlich in Grönland, mag man denken. Schließlich wächst hier weder Baumwolle, noch wurde vor dem Ansturm der Touristen grell leuchtender »Plastikkleidung« irgendein Wert beigemessen. Sie wärmt schließlich nicht annähernd so gut wie die traditionell verwendeten Felle. Junge Grönländerinnen wie Caroline stehen jedoch für einen Paradigmenwechsel, der hier erwirtschafteten Rohstoffen wieder Wert beimisst, Kleidung aus Robbenfell wieder trendy werden lässt und Stolz auf die grönländische Herkunft ermöglicht.

Carolines Familie sitzt am Tisch, Robert Peroni hat für uns alle gekocht. Grönländische Zutaten mit Südtiroler »Twist«: Fleisch vom Eisbär (gut durch, der Trichinen wegen), Robbe und Walragout.

»Eisbär?« Mio sieht uns erstaunt an. »Wie schmeckt der?«

Wie um alles in der Welt soll ich eine solche Frage beantworten? Die Kinder erlösen uns von unserem Unbehagen, indem sie ordentlich zugreifen und die Fleischberge auf unseren Tellern gleich mit reduzieren.

Dass Gemüse und Beilagen eher für zugezogene Dänen und Touristen im Supermarkt vor sich hin gammeln, ist mir schon vorher klar geworden – bei einem Ausflug der etwas anderen Art, zu der riesigen Müllhalde am Fjord. Ich lerne gern etwas über andere Gesellschaften und Kulturen, indem ich ihre Lebens- und Essgewohnheiten genau beobachte. Eine typische (irreparable) Folge meiner ethnologischen Herkunft. Ebenso gern schaue ich mir an, was nicht Eingang in den lokalen Alltag findet, was aussortiert und welchen Dingen kein Wert mehr beigemessen wird: Müll.

Auf Tasiilaqs Müllhalde sticht als Erstes ein riesiger Berg aus grünen Carlsberg-Bierdosen ins Auge. Von dort aus wandern wir über eine Bergkette aus alten Schuhen und ausrangierter Kleidung. Wo kommt all diese Kleidung her in einer Siedlung mit gerade einmal zweitausend Einwohnern? Offenbar hat materieller Besitz, der über das wirklich Notwendige hinausgeht, wenig Bedeutung für die Menschen hier. Und dann das für mich Unfassbare: Gemüse und Obst in rauen Mengen. Ein wahres Paradies für Foodsharer, nur dass das Grünzeug hier ganz offensichtlich schwer bis gar nicht unter die Leute zu bringen ist. Äpfel, Orangen, Salat, Bohnen, Kartoffeln, Kohl. Wir sprechen hier von echten Werten, zumal in grönländischen Supermarkt-Verkaufspreisen gedacht.

An der Westküste Grönlands mag es schick sein, *Italian food* im Café zu bestellen. Hier in Tunu, dem Rücken, wie der Osten oft abschätzig genannt wird, trocknen vor fast jedem Haus Fisch und Fleisch auf Holzgestellen. Fettige Energiebomben in einem Klima, das an den Kräften der Menschen zehrt. Ganz abgesehen vom reinen Ernährungswert, geht es aber beim gemeinsamen Jagen, Zerlegen, Aufteilen und Verzehren der Beute auch um soziale Aspekte. Noch heute. Wer hier aus der Reihe tanzt, hat es in den winzigen, abgelegenen Siedlungen verdammt noch mal nicht leicht. Was für ein Glück, dass wir Kinder haben, die für uns auf grönländischen Geburtstagsfeiern die Teller (fast) leer essen!

Szenenwechsel. Von der Arktis in die glühende, unerträgliche Hitze des albanischen Hochsommers. Wir befinden uns in dem kleinen südalbanischen Bergdorf Brezhdan. Hinter uns liegen acht Stunden hoch zu Ross, ohne Schatten. Vor uns liegt eine Nacht im Haus von Eli und Petro, deren Schwiegertochter Borana und »little Petro«. Und vor der Nacht ein Mahl von epischem Ausmaß. Gastfreundschaft wird hier in Qualität und Quantität der Speisen ausgedrückt, die ohne Unterlass auf den Tisch geladen werden. Selbst dann noch, als wir alle uns die Hände auf die schmerzhaft überdehnten Mägen legen. Aufgetischt wird alles, was rundherum wächst und gedeiht: frisch geschlachtete Ziege, Ziegenkäse, Byrek, Tomaten, gefüllte Auberginen, Zucchini, frischer Salat, Kartoffeln und Melonen, Melonen, Melonen. Kein Essen ohne wahre Melonenschlacht.

Unsere Kinder lieben die albanische Küche. Selbst die vegane Fraktion kommt hier voll auf ihre Kosten. Und Paula beschließt im Garten von Eli und Petro: Hier isst sie auch als Veganerin mal Ziegenkäse und Honig, weil alles direkt vor Ort gewonnen wird.

Eli läuft der Schweiß über Gesicht und Nacken, als sie in der ohnehin schon drückenden Hitze über der offenen Glut mit kunstvollem Schwung Byrek aus mehreren Lagen hauchdünnem Teig, Spinat und Wildkräutern backt. Je mehr Interesse wir an ihren Fertigkeiten erkennen lassen, umso ausgelassener wird unsere Gastgeberin, bis sie mich enthusiastisch an ihren üppigen Busen drückt. Während die Männer an der Wand lehnend selbst gemachten Raki kippen, folge ich Borana ins Haus. Meinen Kindern hat sie bereits den Königsplatz zugeteilt. Vor dem Heiligtum, der Glotze, die in Größe und Aktualität unsere eigene weit überragt. Dazu schlürfen sie glücklich strahlend grellgrüne Limo und werden mit Spaghetti versorgt – ganz ohne irgendetwas dazu, so, wie ich es nie erlauben würde. Empört ziehe ich ihnen die Zucker-plörre vor der Nase weg und weise darauf hin, dass Eli und Borana schon den ganzen Tag in der Küche stehen, um das Gemüse zu verarbeiten, das alle Bewohner in diesem ärmsten Dorf Albaniens uns zu Ehren zusammengetragen haben. Die Kinder protestieren nur kurz. Vor ihnen flimmert weiter eine albanische Soap, von der sie kein Wort verstehen.

Ich verschwinde in den Hof, um Jens an die Tücken des Raki zu erinnern, und kehre zurück ins Haus. Immer noch sitzen die Kinder vor der Glotze, wieder mit vollen Limo-gläsern und Spaghetti à la Eli, also pur. Bevor ich einschrei-ten kann, nimmt mich die Gastgeberin unserer Reittour, Kristina, zur Seite. »Die Sachen wurden extra für euch und eure Kinder gekauft.« Jetzt muss ich über meinen Schatten springen, auch wenn das gebotene Kindermahl nicht im Ge-ringsten meinen Ernährungsvorstellungen entspricht, zumal gleich im Hof ein gesundes, köstliches Festmahl serviert wird. Ich lasse die Kinder essen, trinken und glotzen. Andere Länder, andere Sitten. Und noch dazu eine Geste der Gast-freundschaft. Meine Kinder wussten es besser und haben das gleich gewürdigt.

Auf der Heimfahrt nach Deutschland frage ich in die Runde nach den schönsten Momenten der Reise. Ein Fami-lienritual, das wir auf jeder Heimreise vollziehen. Alles Mög-liche kommt ihnen in den Sinn. Und ganz besonders heben sie den Abend in Brezhdan hervor. Weil Eli und Petro so nett zu Kindern sind und wissen, was ihnen besonders gefällt.

In meiner Familie und im Freundeskreis bin ich verschrien als die Frau, die immer Essen im Gepäck hat. Das ist ganz einfach ein Relikt aus Zeiten, in denen unsere Kinder noch im Windelalter und hungrig schlicht und ergreifend unerträglich waren.

Einen unvergesslichen Moment bescherte mir unser Sohn bei einer Fahrt gen Süden. Im Zug überfiel ihn plötzlich unerträglicher Hunger. Und das, obwohl er kurz zuvor gut gegessen hatte. »Ich will eine Banane!«, herrschte der Knirps mich an. Ich hatte aber gerade keine. »Ich will eine Banane!«, forderte er immer und immer wieder, wie eine hängen gebliebene Schallplatte. Glauben Sie es oder nicht – ich fing irgendwann an zu schluchzen. Nicht weil ich ernsthaft glaubte, mein Sohn gehe einer gefährlichen Unterzuckerung entgegen, sondern weil ich begann, erst an seinem und dann an meinem Verstand zu zweifeln. Die Daueransage blieb eingeschaltet, bis wir beim Obsthändler vor dem Bahnhof standen.

Seitdem keine Reise mehr ohne Marschproviant. Essen, das sich lange hält, Hitze und Kälte verträgt, nicht ausläuft und trotz massiver Verformung noch appetitlich auf unsere Kinder wirkt. Müsli- und Fruchtriegel zum Beispiel. Lieber zu viel als zu wenig, meinen Nerven zuliebe. Schließlich ist nicht immer überall Essen parat, das ich dem hungrigen Nachwuchs kaufen kann.

(Der absurdeste Snackverkauf, dem ich jemals begegnete: Annapurna Circuit, Himalaja. Nicht gott-, aber menschenverlassen auf mehreren Tausend Meter Höhe. Mitten im Nichts steht ein Koffer vor mir im Schnee. Aufgeklappt und gefüllt mit Cola und Snickers. Keine Halluzination – ich habe mich von der Echtheit überzeugt.)

Selbst wenn wir unterwegs Nahrungsmittel erwerben können, will ich das, was zur Disposition steht, nicht immer den

Mägen meiner Kinder zumuten. Ich bin zwar auch bekannt als die Frau mit dem unverwüstlichen Magen. Spätestens seitdem ich in Indien jedes Straßenessen ohne Magenrevolte überlebt und mit einem Plus an Körpergewicht auf den Rippen nach Hause zurückgekehrt bin. Wo auch immer diese Unsensibilität meines Magens herkommt – ich bin dafür extrem dankbar. Im Gegensatz zu mir leidet meine Familie allerdings ziemlich schnell unter Übelkeit und Durchfall, wenn wir unterwegs sind. Allen voran Jens. Auf den Punkt gebracht hat unsere unterschiedliche Magenkonstitution folgendes Erlebnis.

Khajuraho, Indien. Mr. Singh mit dem ebenso klischeehaften Aussehen eines weise-freundlichen indischen Mannes steht am Rande seines Feldes. Die Abendsonne taucht den Acker in pures Gold, und Mr. Singh schwebt über der Szenerie wie eine indische Gottheit, liebevoll lächelnd und in strahlend weißer Kurta. Großzügig lädt er uns zum Abendessen im Kreis seiner Familie ein: neun Kinder und ein Mann, die Mrs. Singh täglich bekochen muss. Jens zögert keinen Moment. Das wird das beste Essen, das wir in Indien je gereicht bekamen, da ist er sich sicher. Und ich ahne schon, was der Preis dafür sein wird.

Mrs. Singh verwöhnt uns. Auf dem Boden der kleinen Hütte hockend, serviert sie uns Reis und Dhal, köstlich gewürzte Okra und Kohl. Der Rest der Familie darf erst essen, wenn wir satt sind. Abgesehen von Mr. Singh, der beim Essen den Anblick seiner wartenden Kinder anscheinend besser verdrängen kann als wir. Es wird ein unvergesslicher Abend. Der gute Mr. Singh und seine stillere Frau sind beide so herzlich, das Essen ist grandios, das Lachen ehrlich. Und die Kinder lassen sich im Hof zwischen bröckelnden Lehmmauern, mageren Ochsen und bunter Wäsche ihre erste Unterrichtsstunde in »Fotografie« geben.

Die Quittung gibt es, wie erwartet, am nächsten Tag. Jens benötigt eigentlich zwei Toiletten nebeneinander, um seine Situation einigermaßen in den Griff zu bekommen. Mich plagt ein schlechtes Gewissen bei seinem Anblick und der Gewissheit, dass Montezuma immer nur ihn auf dem Kieker hat. Während Jens also an das dreckige Hotelzimmer gebunden ist, gehe ich – essen. Ganz allein. In ein italienisches Restaurant, weil mich nach zwei Monaten Indien unerträgliche Gelüste nach Spaghetti Pomodoro überfallen. Ganz egal wie schlecht der Koch ist. Ich bestelle simpel: Nudeln mit Tomatensoße. Doch der Koch ist ein Genie. Ich kann mein Glück nicht fassen. Selbst nach der zweiten Portion kann ich nicht aufhören und bestelle eine dritte.

»Wie war's?«, ruft Jens aus der Toilette, als ich zurückkomme.

»Grässlich«, lüge ich. Aber mein zufriedener Gesichtsausdruck verrät mich. Mitfühlend reiche ich ihm Kohletabletten und Tropfen zum Aufbau der Darmflora. Vor uns liegen schließlich zwölf Stunden Fahrt in einem indischen Bus!

Obwohl wir unsere Essensquellen mit gesundem Menschenverstand auswählten, litten Paula und Jens auch in Thailand schon am zweiten Reisetag unter Durchfall und Erbrechen, während ich weiter munter alles zu mir nehmen konnte.

Durst kann übrigens ein noch viel schlimmerer Quell unerträglicher Belastung werden. Auf langen Wander- oder Reittouren ausreichend Wasser für sechs Personen mitzuführen ist eine echte Herausforderung, für die es eine ganz simple

Lösung gibt: Wasserfilter. An unserem dreizehnten Hochzeitstag befanden Jens und ich uns mit den Kindern auf dem
Höhepunkt der Alpenüberquerung, die uns auf alten
Schmugglerpfaden von Sankt Anton in Österreich über die
Schweiz nach Italien führen sollte. Zu Fuß und mit überladenen Kinderwagen im Schlepptau. An diesem vermale-
deiten Tag hatten wir bereits den Fimberpass überquert und
damit den höchsten Punkt unserer Alpenwanderung hinter
uns gebracht. Unsere Essensvorräte waren erschreckend
geschrumpft, weil unsere Kinder sie heimlich geplündert
hatten. Und zwar genau in dem Moment, als Jens und ich
zum dritten Mal denselben Wegabschnitt hinter uns brachten: Zuerst die Kinder, dann das Gepäck, dann die leeren
Wagen.

Wenigstens gab es hier Wasser in Hülle und Fülle. Jens zog
mit unseren Trinkflaschen davon und kam kurz darauf mit
Beute zurück. Ich hatte meine Flasche schon halb geleert, als
Frieda fröhlich verkündete, in ihrer Flasche lebten Fische.
Leider lag sie nur knapp daneben. Es waren zwar keine Fische
in vitro, dafür umso mehr Mückenlarven. Ich erspare Ihnen
die Details der weiteren Etappe bis zu der ersten Einkehr-
möglichkeit, etliche Stunden später. Erwähnt sei nur, dass ich
mich an diesem Tag mehrfach in Gedanken von meinem
Mann scheiden ließ (wer hatte den Impuls zu dieser Alpenüberquerung gegeben?). Seitdem ist in meinem Rucksack
auch immer ein Wasserfilter dabei. Kaum größer als eine
kleine Trinkflasche, lässt sich damit sogar die schlimmste
Dreckbrühe in Trinkwasser verwandeln.

Jedes Jahr sterben laut WHO zwei Millionen Menschen an
Durchfallerkrankungen, die durch verdrecktes Trinkwasser
hervorgerufen werden. Die meisten völlig unnötigen Opfer

sind Kinder unter fünf Jahren. Das sagt einiges über unsere Spezies aus. Wer Kinder verenden lässt, billigend deren Krankheit und Tod in Kauf nimmt, ohne Mitleid und Reue das wichtigste Allgemeingut unseres Planeten verseucht, verscherbelt, privatisiert und zu einem Luxusgut für Reiche macht, hat sein Recht auf Inanspruchnahme sämtlicher Privilegien des Menschseins (falls es diese überhaupt gibt) verspielt.

So lange bleibt Wasser aber leider eine Gefahrenquelle auf Reisen, die durch Filtern und das Zufügen von Reinigungstropfen drastisch verkleinert werden kann. Mag sein, dass ein indischer Rikschafahrer es überlebt, wenn er erst im Ganges bei Varanasi badet und dann auch noch das Wasser trinkt, während ein aufgedunsener Kuhkadaver an ihm vorbeizieht, um ihn herum Tausende Menschen im selben Wasser baden, Geschirr spülen und Kleidung waschen und an den Ghats Leichenverbrennungen stattfinden, deren Überbleibsel der Ganges fortträgt. Für verweichlichte mitteleuropäische Mägen gilt das ganz sicher nicht. Nicht mal für meinen.

On the move!

Kaum sind die hungrigen Kinder gefüttert, stehen wir vor der nächsten Herausforderung. Wie bewegen wir uns vor Ort fort? Für jedes Reiseziel recherchieren wir, welche Möglichkeiten wir nutzen können, die unseren Sicherheits- und Zuverlässigkeitsbedürfnissen entsprechen. Bevor wir beispielsweise unseren Kindern lange Tagesreisen auf Hundeschlitten in Grönland zumuteten, standen alle anderen Fortbewegungsmöglichkeiten auf dem Prüfstand: Ohne Straßennetz fiel das Auto weg, ebenso wie Bus- oder Schienenverkehr. Helikopter (in Ostgrönland ganz alltägliche Fortbewegungsmöglichkeit, besonders im Winter) sind wahnsinnig teuer, Motorschlitten kamen allein vom Alter der Kinder her nicht infrage. Bevor wir aber zu langen Tagesetappen aufbrachen, machten wir die Probe aufs Exempel.

Tasiilaq, Ostgrönland. Eine Testfahrt mit Hundeschlitten über den tiefgefrorenen Fjord. Wir haben eine schlaflose

Nacht hinter uns. Wie um alles in der Welt lassen sich Kleinkinder warm und sicher auf Hundeschlitten unterbringen?
Jens kommt am nächsten Morgen die zündende Idee. Wir
schrauben Skiuntersatz und Zugdeichsel unseres Fahrrad-
anhängers, den wir auf jeder Reise als Kinderwagen dabei-
haben, ab und montieren die Kabine mit Spanngurten auf
einem der Schlitten. Frieda und Hannah können so in ihrem
Erste-Klasse-Abteil angeschnallt und unter einer Schicht
Daunenschlafsäcke gewärmt werden, während ich Mio in den
rasant gefahrenen Kurven mit einer Hand festhalten kann. Das
Experiment ist für uns in dem Moment erfolgreich abge-
schlossen, als Hannah und Frieda, von einer Meute wild zer-
render Hunde durch die Arktis gezogen, friedlich in ihrer
Kabine einschlafen.

Leider sind auch Hundeschlitten extrem teure Fortbewe-
gungsvarianten, besonders wenn man zu sechst ist. Im arktischen Winter müssen wir uns also überlegen, wie wir die
Kinder zu Fuß transportieren. Wie wunderbar, dass Lösungen oft ganz nah liegen. Diesmal wirklich direkt vor unserer
Nase, unter der knarrenden Holztreppe in Robert Peronis
Expeditionslodge: Pulkas, Transportschlitten aus Kunststoff.
Flach und leicht lassen sie sich wunderbar über Schnee und
Eis ziehen. Wir kippen den Inhalt unserer großen, wasser-
dichten Transporttaschen auf den Boden unserer Hütte,
polstern das Tascheninnere mit Daunenschlafsäcken aus und
befestigen sie auf den Schlitten. Jedes Familienmitglied
bekommt Schneeschuhe mit stabilen Krallen untergescho-
ben, und Paula, Jens und ich ziehen die Pulkas leer hinter uns
her, bis das Laufen durch Tiefschnee die »Kleinen« so ermü-
det, dass sie freiwillig in ihre Schlafkojen kriechen, um gezogen zu werden.

Nie im Leben wären wir zu Hause auf die Idee gekommen, auf diese Weise durch Ostgrönland zu wandern. Erst vor Ort, mit der Kenntnis der dortigen Bedingungen und nach Sondierung der zur Verfügung stehenden Hilfsmittel war die Lösung da.

Was wir aber von zu Hause mitbringen – und das tatsächlich in die Arktis ebenso wie nach Australien, Südafrika oder Italien –, sind unsere Chariots. Zu Hause nutzen wir sie in ihrer ursprünglichen Funktion als Fahrradanhänger, unterwegs werden sie zu multifunktionalen Kinder- und Gepäcktransportmitteln, die von uns geschoben oder gezogen werden. Im arktischen Winter nehmen wir die Räder der Anhänger ab und ersetzen sie durch einen Skiuntersatz, während wir Erwachsene uns wie Esel in die Deichsel legen. Für die Alpenüberquerung konzipierte Jens Boards mit Luftreifen, die an den Hängern befestigt werden und zusätzlich Platz für müde Kinder schaffen. In Südafrika wanderten wir durch den Richtersveld-Nationalpark zum Kokerboomkloof, dem Köcherbaumwald im Herzen dieser skurrilen Wüstenlandschaft. Es wimmelte von Fliegen, und bei über vierzig Grad im Schatten (den es natürlich nicht gibt) waren unsere Kinder alles andere als lauffreudig. Ein Hoch auf unsere Chariots, die wir uns im letzten Moment einzupacken entschlossen hatten. Rein mit den Kindern und Moskitonetz davor. Schon kamen wir tatsächlich voran!

Auch wenn unsere Chariots größer sind als Kinderwagen, hatten wir beim Check-in nie ein Problem, sie als solche zu deklarieren.

Im arktischen Sommer nutzen wir Mitfahrgelegenheiten in den Booten der Jäger und auf Versorgungsschiffen, die in der

kurzen eisfreien Zeit die Lebensmittellager der kleinen Siedlungen beliefern. Leider lässt uns *Johanna Christina* ausgerechnet an unserem vorletzten Tag in Grönland im Stich. Wo
auch immer das Schiff steckt – es kommt nicht wie erwartet
in Tiniteqilaaq an. Und das, obwohl wir am kommenden
Tag am Flughafen in Kulusuk sein müssen, um unseren Flug
nach Reykjavík zu erwischen. Uns bleibt also keine andere
Wahl, als für absurde Summen einen Helikopter zu buchen.
Während ich noch beim Beladen der Gepäcknetze über das
Riesenloch fluche, das die spontan nötig gewordene Ände-
rung unseres Transportmittels in unsere Reisekasse reißt,
stockt mir nur wenige Minuten später der Atem: Niemals
zuvor oder danach habe ich so viel Ehrfurcht vor der Schönheit unseres Planeten empfunden wie beim Anblick der win-
terlichen Arktis aus der Vogelperspektive! Und all das hätten
wir nicht erlebt, wäre die gute alte *Johanna Christina* pünktlich im Hafen von Tinit ein- und ausgelaufen.

Dass öffentliche Verkehrsmittel die Möglichkeit bieten,
zu erfahren, wie ein Land und seine Bewohner ticken, ist eigentlich logisch. Zusammengepfercht in einer Blechbüchse,
gemeinschaftlich den Launen mehr oder weniger ruppi-
ger, korrupter Kontrolleure, einer erstaunlichen Symphonie
menschlicher und tierischer Geräusche und Gerüche und
unerträglicher Temperaturschwankungen auf Gedeih und
Verderb vom Startpunkt bis zum Ziel ausgesetzt, werden
Passagiere eines öffentlichen Verkehrsmittels unweigerlich zu
Komplizen. Zu Verbündeten gegen all die Widrigkeiten, die
auf holprigen Schlaglochpisten oder mörderisch überfüllten
Großstadtkreuzungen auf uns warten.

Ich liebe Reisen mit kenianischen Matatus, indischen
Zügen oder bolivianischen Bussen. Meinen Kindern traue

ich diese überaus sinnliche Erfahrung allerdings erst ab einem gewissen Alter zu. Genau ab dem Zeitpunkt, zu dem Schlaf zu geregelten Tageszeiten nicht mehr oberste Priorität hat und sie das existenzielle Ausmaß der wichtigsten Regel erfassen können: Bei uns bleiben, egal wie unübersichtlich die Situation wird! Sobald dieses Ziel erreicht ist, sind Erfahrungen in öffentlichen Verkehrsmitteln ein echter Gewinn.

Zu einer von Paulas schönsten Erinnerungen an Thailand zählen die Zugfahrten. Im Morgengrauen auf einem weich gepolsterten Trekkingrucksack dahindämmern, Banana Pancakes vor der Abfahrt, fliegende Händler mit skurrilen Früchten und grellen Getränken, ein Schaffner, der den Ticketpreis nach ihrer Körpergröße bemisst, und Sich-die-Nase-plattdrücken an der Zugscheibe, während vor dem Fenster unbekannte Landschaften und Lebensszenen vorbeiziehen.

Ein ganzes Buch könnte ich auch füllen mit den Geschichten, die wir im Zug von Nordschweden bis nach Trelleborg hörten. Etwa die von Ingmar mit dem schwermütigen Blick, dessen Lebensgeschichte ich bis heute nicht vergessen habe. Er pflegte seine Frau zu Hause, die bereits in jungen Jahren an Parkinson erkrankt war, und das als begnadete Chirurgin, die fest davon ausgegangen war, ein Berufsleben lang sicher das Skalpell zu führen. Oder die von dem »Verrückten«, dessen Bierdosen mir nachts um die Ohren flogen, während er in voller Lautstärke in sein ausgeschaltetes Smartphone sprach und sein Schoßhündchen mit Liebesschwüren überhäufte. Oder Magne und Daniella, uns gegenüber, die ihrem Riesenhund Essen direkt »Mund zu Mund« servierten (kein Witz!).

Besonders für Reisen in abgelegene Gebiete, in die nur unregelmäßig öffentliche Verkehrsmittel führen, greifen wir auf ein Mietauto zurück, vor allem wenn die Versorgung mit

Wasser sichergestellt sein muss. Für eine Reportage über den von den Auswirkungen des Klimawandels betroffenen südafrikanischen Köcherbaum zum Beispiel durften wir Südafrikas abgelegenste Region, die Kalahari und das Richtersveld, erkunden. Frieda war zu diesem Zeitpunkt drei Jahre alt, Hannah sechs, Mio sieben und Paula vierzehn. Die abenteuerliche Anfahrt (der Geländewagen musste mit einem Ponton über den Oranje River gebracht werden und sich dann einen Tag lang im Schneckentempo über Pisten vorwärtsbewegen, die als solche nicht zu erkennen waren) war langwierig und schweißtreibend aufregend für uns Eltern, elend lang und todlangweilig für die Kinder auf der Rückbank, die es mit Spielchen bei Laune zu halten galt.

Am Ziel, dem Kokerboomkloof, kamen wir uns vor wie in einer anderen Welt. Kein einziges Zivilisationsgeräusch war mehr zu hören. Nur das Knistern des Lagerfeuers vor uns. Selten hatten wir ein solches Himmelszelt erlebt – Sternenfunkeln ganz unbeeinträchtigt von menschlichen Lichtquellen.

Was für ein großartiger Moment, wenn plötzlich in der Kalahari ein imposanter Löwe direkt neben dem Auto auftaucht, Giraffen den Weg mit Zeitlupenbewegungen kreuzen, ein Gepard sich vor unseren Augen an eine Antilope heranpirscht. Klingt großartig, oder? Hat aber einen entscheidenden Nachteil: Den Nationalpark dürfen Gäste nur vom Auto aus erkunden. Das nervt auf Dauer selbst die geduldigsten Tierbeobachter auf der Rückbank.

Durch Zufall stolpere ich über einen Hinweis auf eine ganz andere Möglichkeit, die roten Dünen der Savanne zu erkunden. Einige Kilometer südlich des Haupteingangs zum Kgalagadi-Transfrontier-Nationalpark lebt die Verhaltensforscherin Anne Rasa zwischen halbwegs zahmen afrikanischen Zwergmungos, Erdmännchen und allem, was in der Kalahari kreucht und fleucht, in ihrem eigenen Kalahari-Trails-Naturreservat. Endlich bekommen unsere Kinder die Gelegenheit, die Kalahari zu Fuß zu erkunden – und eine harte Nuss wie Anne zu knacken.

Anne Rasa sitzt hinter ihrem Schreibtisch. Die grauen Haare streng zu einem Pferdeschwanz gebunden, blickt sie über ihre Brille hinweg ohne erkennbare Gemütsregung auf die Kinder, die fasziniert die erste Begegnung mit Annes Haustier verdauen. Zwischen Papierstapeln und Notizzetteln, Infobroschüren und Büchern steht ein kleines Terrarium. Das Zuhause zweier Skorpione. Dass die Dame offensichtlich Anblick und Nähe dieser giftigen Tiere schätzt, macht sie für mich als latente Insektenphobikerin zugegeben ziemlich eigenartig. Vielleicht ist die »Trennwand« aus Glas auch einfach ihre Art, sich Menschen vom Leib zu halten, um sich eher mit den Lebewesen zu beschäftigen, die ihr irgendwie mehr liegen.

Die Ethologin, die bei »Gänsevater« und Nobelpreisträger Konrad Lorenz forschte, erhebt ihre tiefe Bassstimme.

»Leben hier in der Kalahari«, erklärt sie ihre Haustierwahl. Sehr gesprächig scheint sie nicht zu sein. Während sich in mir beim Anblick der Terrarienbewohner eher ein Fluchtimpuls regt, erwacht Mios Forscherdrang. Deshalb sind wir ja schließlich hier. Dann fällt der Blick unseres Sohns auf ein verkäufliches Ratgeberexemplar: »Tierspuren lesen«.

»Kann ich das hier haben?«, fragt er Jens und mich, und damit auch Anne Rasa hinter ihrem Terrarium.

»Ich kann mit euch durch die Kalahari laufen und euch beibringen, wie ihr Tierspuren lest. Hier geht es aber nicht um die Big Five, die jeder sehen will, sondern um die winzigen Tiere, die vom Auto aus gar nicht wahrgenommen werden.«

Ich kann mir schon denken, von welchen »winzigen Tieren« sie spricht…

Mit einem knorrigen Wanderstock und Fernrohr wandert Anne uns am nächsten Morgen in aller Frühe voraus. Unsere Kinder sind wie elektrisiert, wenn sie auf eine Tierspur stoßen, die Anne ihnen zu deuten hilft. Wie an einem Tatort nimmt sie akribisch alle Details unter die Lupe und fügt sie zu einer Geschichte zusammen. Vor einem Haufen Antilopenköttel geht Frieda in die Knie. Ein Tausendfüßler so lang wie ihr Kleinkind-Unterarm zieht eine Spur an dem Haufen vorbei, und Frieda deutet zufrieden das Entdeckte: »Das ist Kacke! Vom Tausendfüßler!«

Anne lacht herzlich. Die Nuss ist geknackt! Voller Begeisterung über die geheime Welt, die sich durch Annes Detektivarbeit beim Wandern vor uns auftut, entwickeln die Kinder Vertrauen in die Kalahari. Hannah und Mio flitzen uns voraus auf eine Düne und stoßen auf ein Tier, das Annes Naturreservat endgültig den Status eines magischen Universums verleiht.

»Da ist ein Einhorn!« Hannah entdeckt die Antilope zuerst.

»Dem Tier fehlt ein Horn, hat es sicher im Kampf verloren«, erklärt uns Anne, ohne dass es die Kinder hören. »Ja, hier lebt ein Einhorn!«, bestätigt sie Hannah. Wir wollen eigentlich nur eine Nacht bei Anne bleiben, aber es werden dann doch ein paar mehr. Die Gelegenheit, zu Fuß durch die Landschaft zu streifen und dabei Erdmännchen, Mungos und Antilopen nah zu sein und anhand der Spuren zu wissen, dass gerade eine Puffotter vor uns den Weg gekreuzt oder ein Erdferkel seinen Schlafplatz in den Dünen verlassen hat, ist einfach zu verlockend. »Wer ans Ziel kommen will, kann mit der Postkutsche fahren, aber wer richtig reisen will, soll zu Fuß gehen«, wusste schon Jean-Jacques Rousseau im 18. Jahrhundert. Daran hat sich nichts geändert – außer die Pferdestärke vor der Kutsche.

Mit immerhin 150 PS brachte uns unser alter Feuerwehrlaster nach Schweden, Norwegen und Finnland. Auf dessen Pritsche hatte Jens den bereits erwähnten Bauwagen montiert. Und wenn schon Skandinavien, dann natürlich samt Booten. Also verstaute Jens auch noch unsere Kanadier auf dem Dach. Skandinavien, das muss sogar ich als Wassermuffel zugeben, lässt sich gar nicht schöner erkunden als von seinen Tausenden von Seen, Flüssen und dem nördlichen Ausläufer der Ostsee aus (die dank des Kinder- und Jugendbuchautors Andreas Steinhöfel bei uns nur noch die »Bottnische Hupe« ist).

Byske, Mittelschweden. Es ist Mittsommer, und zu allem Kitsch-Überfluss spielt auch noch das Wetter einwandfrei mit. Wir sitzen mit den Kindern zwischen Einheimischen auf dem Dorfplatz und feiern die Sommersonnenwende. Neben uns sitzt Jimmy, ein Hubschrauberpilot mit dem selbstsicheren Habitus eines Mannes, der schon oft genug da gelandet ist, wo er hinwollte (insbesondere in der Damenwelt). Heute ist er verplant, erklärt er. Familienfeier. Ist ja Mittsommer. Aber wenn er Zeit hätte, dann würde er rüberpaddeln zur kleinen Insel Vättingen. Und zwar jetzt gleich, bevor die Ostsee zu rau wird.

Was Jimmy uns von Vättingen erzählt, klingt einfach zu schön. Also holen wir tatsächlich sofort die Boote vom Dach (aus vier Metern Höhe nicht gerade ein Kinderspiel) und beladen sie mit Zelten, Isomatten, Schlafsäcken und Proviant. Ich fürchte mich ein bisschen vor der »Bottnischen Hupe«, aber wie sollen wir nach Vättingen kommen, wenn ich jetzt kneife? Also rein in die Schwimmwesten, Augen zu und durch.

Als wir in Vättingen ankommen, bin ich erst mal ziemlich entsetzt. Was für einen Mist hat Jimmy uns denn da erzählt? Hier ist nur morastiger Boden zu finden, und der ist noch dazu dermaßen von Mücken verpestet, dass wir keine Sekunde still stehen können, ohne überfallen zu werden. Also schnappen wir uns die Kinder, lassen das Gepäck zurück (wer soll hier in dieser Einöde schon etwas klauen?) und marschieren durch den Wald auf der Suche nach Jimmys Mittsommerparadies. Erst einmal platzen wir aber in eine Familienfeier.

»Entschuldigung. Wir wollen nicht stören. Können Sie uns nur kurz sagen, wo man hier zelten könnte?«, frage ich in die Runde. Wer in Schweden freiwillig auf (zumindest im Sommer überfüllten) Campingplätzen landet, ist selbst dran schuld. Das Allemannsrecht ermöglicht hier nämlich etwas, was in anderen Teilen Europas undenkbar ist: freien Zugang zur Wildnis, egal ob staatlich oder privat, um dort zumindest eine Nacht zu zelten. Claas-Göran, der hier die Party schmeißt, ahnt anscheinend, wonach wir suchen. Anstatt uns genervt mit einer kurzen Wegbeschreibung abzuwimmeln und sich dann im Kreis seiner Liebsten wieder Hering, Dillkartoffeln und Schnaps zu widmen, lässt er alles stehen und liegen und stapft uns voran durch den Wald. Mal ehrlich: Haben Sie so etwas schon mal erlebt? Ich nicht!

Zehn Minuten Fußmarsch später kommen wir an eine kleine Lichtung – mit »Privatstrand«, wie Claas-Göran zufrieden erwähnt. Um dann noch hinzuzufügen: »Ihr könnt bleiben, so lange ihr wollt!« Und wir bleiben. Viel länger als geplant. Bis weit nach Mitternacht paddeln wir auf der spiegelglatten Ostsee durch nicht enden wollende Sonnenuntergänge um die Insel – an Schlaf ist bei der Helligkeit sowieso nicht zu denken. »Niemals«, schwöre ich mir selbst, »niemals werde ich ohne Boot nach Skandinavien zurückkehren!«

Die Begeisterung für die Fortbewegung auf dem Wasser haben, trotz dieser Erfahrung, unsere Kinder eher Jens zu verdanken.

»Wolltest du nicht schon lange mal nach Venedig?«, fragt Jens mitten in der Recherche zu einem journalistischen Projekt über den Umgang mit der Ressource Wasser. Ohne meine Antwort abzuwarten, setzt er den Kindern damit einen Floh ins Ohr.

»Wir könnten auf dem Tagliamento bis nach Venedig paddeln und am Ufer schlafen. Was haltet ihr davon?«

Na, was wohl? Die Kinder sind begeistert – und stecken mich an. Allerdings bleibe ich skeptisch.

Diesmal haben wir nicht unsere Kanadier dabei, sondern ultraleichte Rucksackboote, die wir zur Not auch längere Strecken tragen können. Es kostet mich echte Überwindung, mich auf dieses Paddelabenteuer einzulassen. Ist das mal wieder vollkommen irre, was wir da vorhaben?

Unter einer Brücke bei Cornino, neben der wir am Ufer unsere Packrafts aufpumpen, steht ein klappriger Bus mit polnischem Kennzeichen. Aus dem offenen Kofferraum quillt Chaos hervor, daneben liegt, tiefenentspannt, ein junges Paar, Joanna und Pawel, mit Kleinkind. Während wir Proviant, Ersatzkleidung und Kameraausrüstung sowie Faltrad verstauen, kommen wir ins Gespräch.

»Seid ihr länger auf dem Tagliamento unterwegs?«, will Joanna wissen.

»Ein paar Tage. Mal sehen, ob wir bis nach Venedig kommen. Der Wasserstand ist extrem niedrig«, erklärt Jens.

Auch wenn es hier vom Ufer nicht so erscheint: Der Tagliamento führt, selbst jetzt nach der Schneeschmelze (die keine richtige Schneeschmelze war, weil der Niederschlag im Winter vergeblich auf sich hat warten lassen), auffällig wenig Wasser. Landwirte, die flussabwärts ihre Felder mit dem Wasser aus den Alpen versorgen, sind schon vorgewarnt.

»Das ist uns eigentlich ganz recht. Wir haben nämlich kein richtiges Boot dabei.« Pawel geht an den Bus und holt eine lädierte Pappverpackung hervor.

»Wir probieren es mit einem aufblasbaren Planschbecken!«, bestätigt Joanna.

Mit unseren Packrafts und Rettungswesten komme ich mir neben den beiden plötzlich albern vor. Wie ein peinlicher Equipment-Freak. Aber nur so lange, bis mein Blick dem Tagliamento folgt. Ich lasse mich gern auf einige Fortbewegungsmöglichkeiten ein – ein aufblasbares Kinderplanschbecken auf einem Alpenfluss gehört aber definitiv nicht dazu!

In Albanien entscheiden wir uns für eine Fortbewegungsmöglichkeit, die unserer ganzen Familie eine Menge Mut und Ausdauer abverlangt: albanische Bergpferde. Albanien gehört zu den Reisezielen in Europa, die noch nicht von der Tourismuswelle überschwemmt wurden. Ich würde am liebsten behaupten: zu Recht! Alles hässlich hier, kriminell und dreckig. Ich würde am liebsten die bizarren Vorurteile wiedergeben, die uns begegnen, wenn wir von Albanien berichten (und die im Grunde ja mehr über die Verbreiter dieser skurrilen Märchen aussagen als über Albanien und seine Bewohner).

Wie zum Beispiel von Ibe, unserem kroatischen Gastgeber, der uns im Brustton der Überzeugung erklärte, er werde niemals nach Albanien reisen. Warum? Weil, so seine Erklärung, dort niemand die Hände waschen würde, nicht einmal nach dem Toilettengang und vor dem Zubereiten des Essens.

Wie begegnet man solchen Geschichten am besten?

»Das machen wir in Deutschland genauso!«, meint Jens.

Ich würde all diese Scheußlichkeiten gern weitererzählen, damit Albanien noch ein wenig verschont bleibt. Aber sie stimmen einfach nicht. Das Balkanland ist landschaftlich wunderschön, kulturell spannend und kann von sich zu Recht behaupten, dass Gäste hier wie Könige behandelt werden. Von Gjirokaster im Süden des Landes brechen wir mit den Pferden auf in die Berge, die wir auf Schmuggler- und Hirtenpfaden überqueren. Unsere Gastgeber, das geben sie nach ein paar Tagen zu, hatten lange überlegt, ob sie sich auf unsere Idee einlassen wollen. Frieda ist gerade sechs, Hannah neun, Mio zehn Jahre alt, und sie sind alles andere als erfahrene Reiter (im Gegensatz zu Paula, die zum Fels in der Herde wird). Wir müssen Pässe überqueren, durch Flüsse reiten, Herden wild lebender Esel und Pferde abwehren (die mal kurz zeigen wollen, wer hier das Sagen hat) und Herdenschutzhunden (die hier wirklich die Chefs sind) ausweichen. Die großen Hunde tragen zum Schutz vor Wölfen Halsbänder mit Stacheln, die so lang wie mein Zeigefinger sind.

Es ist so irrsinnig heiß, dass selbst Aurel und Kristina nicht sicher sind, ob wir die geplante Strecke bewältigen können.

Nachdem sich die erste Aufregung gelegt hat und wir uns an den Rhythmus der Pferde gewöhnt haben, stelle ich jedoch erleichtert fest: Das war die richtige Entscheidung. Wir sind mittendrin – in der fantastischen Landschaft, in den Lebensgeschichten unserer Gastfamilie, im Alltag der Menschen, die in winzigen Dörfern vom Ertrag ihrer Ziegen und Selbstversorgergärten leben. Wir sind ganz nah an dem, was uns nach Albanien gelockt hat: die wilden Flüsse des Balkan und ihre Quellgebiete.

Ausnahmsweise, hoffe ich, fallen wir mal nicht so auf wie mit einem Feuerwehrlaster in Stockholm oder Packrafts in Venedig. Pferde und Esel sind hier absolut gängige Transportmittel (denen wir sogar auf Tiranas Autobahn begegnen). Dabei hatte ich allerdings ein kleines Detail übersehen. Wir reiten auf einer Passstraße entlang des Flusses Suha. Die Hitzewelle, die Nordgriechenland erfasst und sich auf Albanien ausgebreitet hat, macht uns fertig. Wir wollen nur noch eines: den Fluss erreichen und schwimmen, trinken, schwimmen und trinken.

In der Ferne wirbelt eine Staubwolke durch die Luft. Kristina, die unsere Karawane anführt, gibt uns zu verstehen, dass wir einem Wagen werden ausweichen müssen. Also drängen wir unsere Pferde so dicht wie möglich an die Felsen. Der Fahrer des Busses fährt an uns vorbei und lehnt sich aus dem Fenster, um uns genauer unter die Lupe zu nehmen.

»Ist sie das kleine Mädchen, das durch Albanien reitet?« Er zeigt auf Frieda. »Ich hatte schon von der Geschichte gehört, aber jetzt glaube ich es wirklich!«

Frieda ist so anhaltend begeistert von unseren albanischen Gastgebern, dass sie auch ein Jahr nach der Reise noch regelmäßig E-Mails an sie schickt. Die Antwort aus Albanien folgt immer prompt. Neulich mit einem ganz besonderen Anhang: Aurel, Kristina und deren Tochter Sophia haben Nachwuchs bekommen. Vierbeinig. Das Stutfohlen hat einen, wie ich finde, ausgesprochen schönen Namen erhalten: Frieda! Und damit steht auch fest, dass wir nicht das letzte Mal in Albanien waren. Frieda wird Frieda in ein paar Jahren durch die Lunxheria-Berge tragen. Vielleicht führen dann schon asphaltierte Straßen dorthin, wo jetzt kaum Pfade zu erkennen sind.

Es gibt übrigens selbstbewusste, energische Menschen, die sich alles Mögliche zutrauen – nur keine langen (An-)Reisen mit Kindern. Schon die Vorstellung von einer Nachtfahrt mit dem Zug oder einem Langstreckenflug versetzt sie derart in Panik, dass sie den Gedanken lieber wieder von sich schieben. Was, wenn die Kleinen unterwegs unzufrieden sind? Wenn sie heulen, unruhig werden, nicht schlafen wollen, durch Zug oder Flugzeug rennen und sich nicht bändigen lassen?

Selbst mit vier Kindern habe ich niemals eine solche Situation erlebt – der kleinen Bildschirme im Vordersitz sei Dank. Im Gegenteil. Sobald das Boardentertainment-Programm beginnt, fängt für Jens und mich die beinah erholsamste Phase der Reise an: stundenlang in Ruhe lesen, planen, essen, trinken, schlafen. Dass unsere Kinder danach die Welt einen Tag lang aus quadratischen Augen wahrnehmen, ist ein Preis, den ich ausnahmsweise zu zahlen bereit bin.

Von einer bemerkenswerten Strategie, mit der eigenen elterlichen Angst vor langen Reisen umzugehen, erzählten uns Freunde nach einem Interkontinentalflug. Beim Boarding nahm vor ihnen eine fünfköpfige Familie mit kleinen

Kindern Platz. Kurz nachdem die Aufforderung zum Anschnallen erklungen war, erhoben sich die Eltern, drehten sich um und richteten das Wort an die mitreisenden Passagiere: »Wir sind die Meiers. Am Ende dieses Fluges wird uns jeder hier kennen!« Clever eingefädelt. Schließlich kann nach einer solchen Ansage alles nur noch besser werden!

Die Türöffner-Theorie

Wer gern unbemerkt durch die Welt ziehen will, sollte das Reisen mit Kindern meiden wie der Elefant den Porzellanladen. Nicht etwa weil Kinder zwangsläufig eine Schneise der Verwüstung hinterlassen, sondern weil in vielen Kulturen Kinder ganz besonders willkommen sind und deshalb viel Aufmerksamkeit auf sich ziehen.

Beneidenswert unverkrampft beteiligen sie sich am alltäglichen Leben anderer Menschen und ziehen ihre Eltern an der Hand hinter sich her. Kinder öffnen Türen zu Welten, die uns Erwachsenen möglicherweise ganz verschlossen geblieben wären – oder an deren Pforten wir lange hätten anklopfen müssen. Besonders zu spüren bekamen wir das, als wir für eine Reportage in Lappland Kontakt zu samischen Rentierhirten aufnehmen wollten.

Jokkmokk, Schweden. Ein kleines Städtchen über dem nördlichen Polarkreis. Die Dame hinter dem polierten Tre-

sen der Touristeninformation findet unsere Anfrage offensichtlich eigenartig und leitet sie weiter an das Büro der
Bürgermeisterin, Anna Hövenmark.

»Hier ist eine Familie, die mit Vertretern der Sami-Gemeinschaft sprechen will.« In diesem Nest, so meine Über-
legung, kennt jeder jeden. Da kann es doch nicht schwer
sein, unserer Anfrage nachzukommen.

Aber so einfach, wie wir uns das denken, ist das Prozedere
nicht. Anna Hövenmark will uns erst einmal unter die Lupe
nehmen. Da könnte ja jeder Vollidiot daherkommen.

Frau Hövenmark erwartet uns am kommenden Tag in
ihrem Büro. Jens und ich zögern, ob wir alle vier Kinder
mitnehmen sollen, entscheiden uns dann aber für einen
Familienauftritt. Natürlich nicht ohne allen vieren vorher
einzubläuen, dass sie sich gut benehmen müssen, solange wir
bei der Bürgermeisterin Klinken putzen. Das Szenario gestal-
tet sich wie folgt: Ungefähr fünf Minuten herrscht Frieden
und Stille. Ungefähr so lange dauert es auch, bis Frau Hövenmark endlich zu uns an den Besprechungstisch gefunden hat.
Die Begrüßung bringen wir noch einigermaßen gesittet hinter uns, dann bricht Chaos aus. Hannah stößt ihr Saftglas um,
Frieda pupst mehrfach, Mio kriecht unter den Tisch mit
dem Plan, Schnürsenkel aneinanderzuknoten.

Mir läuft der Angstschweiß aus allen Poren. Mit jeder
Minute, die wir hier am Tisch sitzen und der Bürgermeisterin zu berichten versuchen, warum wir dringend samische
Rentierhalter in die Berge begleiten müssen, treiben es die
Kinder bunter. Wer würde je eine solche Chaoten-Familie
weiterempfehlen?, verzweifle ich innerlich. Die Schwedin
prüft uns wirklich auf Herz und Nieren, stellt eine Frage
nach der anderen, hakt nach und beobachtet uns. Mir gehen

diese Gatekeeper-Allüren auf die Nerven, aber ich mache gute Miene zum bösen Spiel. Was bleibt mir auch anderes übrig, wenn schon unsere Kinder die in Bürgermeisterbüros zulässigen Dezibel überschreiten.

Anna Hövenmark indessen ist Profi. Ich kann ihrem Gesicht nicht ansehen, was gerade in ihr vorgeht. Ebenso wenig kann ich der schwedischen Konversation zwischen ihr und einer Mitarbeiterin folgen. Und dann die Überraschung: Anna notiert Nummern auf einen Zettel. »Erklärt einfach, dass ihr die von mir habt!«, rät sie uns. Und fügt entschuldigend hinzu: »Die Sami der Region haben viele Medienanfragen. Zudem haben sie schlechte Erfahrungen gemacht mit Aktivisten, die sich als Medienvertreter ausgegeben hatten. Ich musste erst mal wissen, mit wem wir es hier zu tun bekommen.«

Wir sind angenehm überrascht, bedanken uns, ziehen unsere Jacken an und drehen Richtung Tür ab, als Anna uns noch hinterherruft: »Übrigens habt ihr tolle Kinder!«

Schon am nächsten Tag sitzen wir im Wohnzimmer von Carl-Johan Utsi, einem jungen Rentierhirten jenseits aller optischen Klischees. »DAMN!«, steht in fetten Druckbuchstaben auf seinem T-Shirt, und unter seiner American-Style-Baseballkappe verbirgt der junge Mann einen Gesichtsausdruck voller Zurückhaltung, die nichts mit Schüchternheit, aber viel mit Vorsicht zu tun hat. Erst im vergangenen Jahr hatte der junge Sami sich die Frage gestellt, ob er die Rentierherde und damit die Tradition seiner Familie fortführen will. Oder ob er doch lieber Astrophysiker werden soll? Seine Entscheidung fiel zugunsten der Rentiere. »Ich kann mir einfach nicht vorstellen, das alles aufzugeben. Rentierhaltung ist ja nicht einfach ein Wirtschaftsfaktor. Das hat viel mehr mit unserer kulturellen Identität zu tun als mit dem bisschen Kohle, die wir dabei machen.«

Während Carl-Johan uns von den Schwierigkeiten erzählt, vor denen samische Rentierhirten heute durch massive Ausweitung des Bergbaus, durch Stauseen zur Energiegewinnung und durch den Klimawandel stehen, haben unsere Kinder sich mit seinen Kindern verbündet und nehmen das Spielzeugarsenal im Wintergarten des Hauses auseinander. Es ist schwer zu sagen, wann genau bei Carl-Johan das Eis bricht. Seine zurückhaltende Skepsis weicht irgendwann wachsendem Interesse an unserem Vorhaben und an der Tatsache, dass wir mit vier Kindern in einem alten Feuerwehrlaster monatelang durch Lappland tuckern.

Mittlerweile haben wir Carl-Johan und seine Familie mehrfach in der Arktis besucht. In dem kleinen Städtchen Jokkmokk ebenso wie in ihrem Sommerlager in den Bergen. Gemeinsam mit unseren Kindern. Bei unserem letzten Besuch hat Carl-Johan das Lavvu seiner Familie für uns aufgebaut. »Das wird bestimmt ein Spaß für die Kinder!«, vermutet er, und er erklärt ihnen, mit welchen Tricks sie Mücken aus dem Wohnzelt fernhalten können. Gemeinsam schleppen sie Rentierfelle herbei, die sie auf dem Boden ausbreiten als Matratzen für die kommenden Nächte. Dann bringt Carl-Johan frischen Fisch, seine Mutter kommt mit selbst gebackenem Brot vorbei. Wir sitzen bis spät in die Nacht am Feuer, und ich habe das Gefühl, dabei fast eine Rauchvergiftung zu erleiden, aber ich bin die Einzige, die sich an diesem Qualm zu stören scheint. Mio findet es so gemütlich auf seinem Lager aus Ästen und Rentierfell, dass er direkt am Feuer einschläft. Nur der Rentierschinken, den uns Carl-Johan als

Snack überlässt, endet im Magen eines Hundes. Nachts, ganz still und heimlich, nutzt er die Gelegenheit – und dafür bin ich ihm ziemlich dankbar!

Es gibt Momente, da kann man sein Glück in Anbetracht des kindlichen Kontaktknüpfens kaum fassen. In Alice Springs, Australien, sind wir auf der Suche nach einer jungen Aborigine-Frau, Marissa Gibson, die durch den Film *Samson & Delilah* quasi über Nacht auf den roten Teppich von Cannes katapultiert worden war. Als Weiße ohne Vitamin B auf kurzem Weg Kontakt zur indigenen Gemeinschaft aufzubauen ist ähnlich schwer, wie ein Dinner-Date mit Prinz Harry zu organisieren. Wo Marissa steckt, kann oder will uns niemand sagen.

Völlig frustriert von unserer fehlgeschlagenen Mission versprechen wir unseren Kindern, am Abend ein Open-Air-Konzert zu besuchen. Kaum erblicken unsere Kinder den *sausage sizzle*, melden sie Hunger an. Nicht gerade überraschend, aber in Anbetracht der Riesenschlange vor der Würstchenbude (Australier dürfen sich offiziell die Auszeichnung »No.1-meat-eating-country« an die Brust heften) ziemlich nervig. Beim Warten auf ein Würstchen kann indessen viel passieren.

»Das ist doch die Frau, die in diesem Film mitspielt!«, sagt Paula plötzlich.

Tatsächlich, da vorn in der Schlange steht Marissa Gibson und wartet, genauso wie unsere Kinder, auf ein Würstchen. Noch während Jens und ich kurz überlegen, wie wir die völlig überraschende Begegnung zu unseren Gunsten gestalten könnten, steht Mio neben Marissa und lässt sie wissen: »Ich kenne dich!«

Zwei Tage später begrüßt sie uns in ihrem Haus und bringt uns direkt zu ihrer Oma Mitjili Napanangka Gibson, die auf einer vier mal fünf Meter großen Leinwand sitzt, versunken in ihre Arbeit. Punkt für Punkt fügt sie zu einer Komposition aus unzähligen Farbtupfen zusammen. Sie ist derart vertieft, dass sie nicht einmal den Kopf hebt, als wir neben ihr stehen. Wie ein Mantra murmelt sie in ihrer lokalen indigenen Sprache Erinnerungen an ihr Leben in der Western Desert. Fetzen aus einem anderen Leben, die ihr Sohn Peter und Marissa für uns übersetzen. Mir gehen lauter Fragen durch den Kopf, aber keine einzige wage ich zu stellen. Die alte Frau darf nicht gestört werden, und wir ziehen uns in den Hof zurück.

Kurz darauf taucht Mitjili neben Mio auf. Die alte Frau und der kleine Knirps starren sich an. Wir existieren in ihrer Wahrnehmung gar nicht.

»Was sagt sie?«, will ich wissen, als sich ein Wortschwall aus Mitjilis Mund über Mio ergießt.

Peter wehrt ab. »Unsinn!«

Ich verstehe kein Wort von dem, was Mitjili erzählt. Nur an ihrem Tonfall kann ich erahnen, dass sie Peter zu etwas drängt, bis er nachgibt.

»Sie behauptet, euren Sohn zu kennen.«

»Mio? Und woher?«

Achselzucken.

Was für ein Grinsen in diesem faltigen Gesicht voller stacheliger Damenbarthaare. Mitjili sitzt der Schalk im Nacken, und offensichtlich hat es zwischen Mio und ihr gefunkt.

Genauso abrupt, wie Mitjili erschienen ist, verschwindet sie auch wieder.

Zeit für uns aufzubrechen, in die Wüste Zentralaustraliens.

»Ich bleibe bei Oma Mitjili!«, erklärt Mio so unaufgeregt und selbstverständlich, dass ich hoffe, mich verhört zu haben.

»Oma Mitjili? Du kennst die Frau doch gar nicht. Wir nehmen dich mit«, beharrt Jens.

»Nur wenn ihr mir versprecht, dass wir auf dem Rückweg wieder bei ihr vorbeikommen!«

Wir wollen schon erklären, warum das nicht möglich ist, da schaltet sich Mitjilis Sohn ein.

»Hey, Jens, du könntest Mitjili bei der Arbeit porträtieren ... Das bieten wir nicht vielen Fotografen an.«

Es werden einige der letzten Fotos, die Mitjilis Schaffen als Künstlerin dokumentieren. Ein Jahr später ist die alte Frau mit den schelmisch blitzenden Augen tot.

Diese Anekdote bestätigt, was wir immer wieder vermuten: Wer mit Kindern reist, steht weniger unter Generalverdacht. Erwachsenen Weltreisenden werden schnell unlautere Motive und Gier nach schnellem Sex, oberflächlichem Spaß und billigem Alkohol unterstellt. Ich habe es selbst schon erlebt, dass meine eigenen Ängste und Vorurteile durch ein Kind überwunden werden konnten.

Südafrika, Westküste. Bei stechender Hitze fahren meine Schwester und ich Richtung Kapstadt. Weit und breit kein Haus, keine Tankstelle, kaum Autos. Am Horizont bewegt sich ein kleiner Punkt. Wir kommen näher. Da läuft ja jemand durch diese Einöde! Zu Fuß braucht die Person noch Stunden bis zur nächsten Siedlung. Schon regt sich Mitgefühl bei meiner Schwester und mir. Es wäre nur höflich, wenigstens nachzufragen, ob wir diesen einsamen Wanderer ein Stück mitnehmen sollen. Aber hier, in Afrika? Hat unsere Familie uns nicht eindringlich gewarnt vor Kriminellen, Betrügern, Hochstaplern? Lassen wir ihn doch besser seiner Wege ziehen. Warum sollten ausgerechnet wir... »Aber wer sonst?«, fragen wir uns.

»Einen Mann würde ich nicht mitnehmen, eine Frau vielleicht schon«, überlegt meine Schwester. Als wir auf gleicher Höhe sind, erkennen wir: Unter einer abgewetzten, in diesem Klima absurd fehl am Platz wirkenden Winterjacke steckt tatsächlich eine zierliche Frau. Kurz geschorene Haare und ein Lächeln, mit dem das Fehlen ihrer Schneidezähne nicht vertuscht werden kann. Berenice, 21 Jahre alt und auf dem Weg in ein Township bei Kapstadt. Schon richtet sich unsere ganze Aufmerksamkeit auf das Bündel, das Berenice in den Armen hält – ihr nacktes Baby. Ohne Windel, ohne Kleidung, eingehüllt in eine nach Urin stinkende Wolldecke. Hatten wir eben noch Zweifel, ob wir der Frau eine Mitfahrgelegenheit anbieten sollten? Falls ja, sind sie in dem Moment vergessen, als das kleine Mädchen uns anschaut. Die Entscheidung ist getroffen. Berenices Kind hat im Nullkommanichts die Tür zu unserem Auto und unseren Herzen geöffnet – ein Erfolg, den ihre Mutter allein so schnell niemals hätte verbuchen können.

Bis nach Kapstadt liegen zwei Fahrtstunden vor uns – Zeit genug, um einiges über Berenices Leben zu erfahren: Auf der Flucht vor dem Vater ihrer Tochter (»alcohol, this man is addicted«) und in der Hoffnung, in der Stadt Arbeit zu finden, hat sie sich mit dem Baby auf den Weg gemacht. Ohne Geld, Ersatzkleidung, Nahrung. Wir sind perplex, wie gut die junge Frau Englisch spricht. Berenice lacht schallend, als wir uns beim Nachsprechen von Xhosa-Ausdrücken die Zungen verknoten. Das Eis ist gebrochen. Wir freuen uns,

Tochter und Mutter im Auto zu haben – selbst dann noch, als Berenice den Reißverschluss ihrer dicken Jacke öffnet (nicht mal ein T-Shirt darunter) und ein fast unerträglicher Schweißgeruch uns einnebelt.

Bis zu unserer Abreise tauchen wir ein in das Leben dieser jungen Mutter und ihrer Tochter, in einem kleinen Township nördlich von Kapstadt, auf der Suche nach einer Chance. Wir helfen den beiden, einen Kindergartenplatz zu finden, reden so lange auf Arzt und Zahnarzt ein, bis sie in den angeblich so vollen Terminkalendern untergebracht sind (»You pay cash?«), organisieren gemeinsam ein kleines Häuschen im Township und kaufen Grundnahrungsmittel für einige Wochen ein.

Eine ganze Weile haben wir regelmäßigen Kontakt zu Berenice, bis sie uns eines Tages mitteilt, dass sie in den Norden zurückreisen muss. Ihr Bruder, an den Folgen von Aids gestorben, soll beerdigt werden. Es ist das letzte Lebenszeichen, das wir von Mutter und Tochter bekommen.

Noch einmal Südafrika. Auf dem Parkplatz des Bay Harbour Markets in Hout Bay. Die Stadt, die sich als Synonym für die Überwindung von Rassenhass einen Namen gemacht hat, hinkt ihrem Ruf weit hinterher. Bedient werden Weiße durch Schwarze, in Cafés, Bars und Restaurants. Nie umgekehrt. Das schicke Leben der zumeist weißen Superreichen und Superschönen wird, wie in Héctor Tobars *In den Häusern der Barbaren*, am Laufen gehalten von einer Schar schwarzer Gärtner, Hausmädchen, Putzfrauen, Köchinnen und Kindermädchen. Und damit niemand einen Fuß in eine Welt setzt, die ihm nicht zugedacht ist, patrouillieren am Eingang der *gated communities* bewaffnete Männer aus den Townships – ah, das traut man ihnen zu! Weil auch die Edelkarossen beim Shoppen beruhigt abgestellt werden müssen, haben am Abend wenigstens ein paar Chancenlose einen Hungerlohn in der Tasche.

Beispielsweise John. Er ist Parkplatzwächter, vorübergehend, wie er betont. Seine Stirn liegt ernst in Falten, unser Lächeln beantwortet er mit einem abweisend wirkenden Blick. Als er aber mitbekommt, dass ich Mutter von vier Kindern bin, beginnt er zu schwärmen. Von seiner Frau, der Schönsten des Planeten, und ihren vier wunderbaren Kindern, den tollsten auf Gottes Erdboden. Der Mann hört gar nicht mehr auf mit seinen Lobeshymnen, lächelt und schwärmt weiter. Mich berührt dieser Moment tief. Ich glaube, ich habe selten einen Mann so warmherzig über seine Familie sprechen hören. So voller Stolz und Dankbarkeit dafür, mit vier Kindern gesegnet zu sein. Und schon ist John mittendrin in meinem Herzen, und damit auch im Leben meiner Familie. Einige Jahre schreiben wir uns regelmäßig, bis eines Tages endlich die Gelegenheit kommt, unsere Familien zusammenzubringen.

Für eine Rechercherreise durch Südafrika landen wir in Kapstadt. Das Township, in dem John und seine Familie (als kongolesische Flüchtlinge in der Hierarchie ganz weit unten) leben, liegt am Rande der Stadt. Schon vorab hatten John und ich versucht zu planen, wie wir zwölf Personen unterwegs unterbringen, fortbewegen und versorgen. Erst jetzt wird mir klar, wie begrenzt meine Vorstellung vom Leben jenseits der für uns typischen Ausstattung ist.

»Packt Badesachen ein!«, schreibe ich John.

Eine ganze Weile warte ich, bis die Reaktion kommt: »Wir besitzen keine Badesachen.«

»Wie geht ihr an den Strand?«, hake ich nach.

»Wir waren noch nie am Strand. Unsere Kinder können auch nicht schwimmen.«

Da sitze ich und staune über mich selbst. Weil ich mir nicht vorstellen konnte, dass mein offener, gebildeter Freund John, ein studierter Ingenieur, durch äußere Umstände in einem Leben gelandet ist, das seine Möglichkeiten und die seiner Kinder so radikal limitiert. In Kapstadt zu leben und trotzdem nicht die Chance zu haben, an einem der Strände der Region Freizeit zu genießen – Realität in einer Stadt, die Schöne und Reiche anzieht wie ein Haufen Mist schillernde Stubenfliegen, während die Townships wie Pilze im deutschen Herbstwald aus dem Boden schießen. Johns Worte entlarven zielsicher, wie begrenzt mein Horizont trotz aller Reiseerfahrungen manchmal ist – geprägt durch mein freies und sicheres Leben im gepamperten Europa.

Schon seit meinem Studium in Australien fällt mir auf, wie eng Klima und gesellschaftliches Verhalten miteinander verbunden sind: Dort, wo klimatisch bedingt Menschen ihre Türen immer geschlossen halten, sich hinter dicken Wänden verschanzen und zum Schutz vor Eiseskälte sogar ihre Klappläden am Nachmittag schließen, sind auch die Türen ins Leben der Menschen schwer zu öffnen. Während uns in Albanien unsere Gastgeber wie Familienmitglieder empfingen und in ihrer Mitte aufnahmen, waren sogar Small Talks (oder gerade die) ab dem Polarkreis echte Sensationen. Zumindest so lange, bis unsere Kinder auf der Bildfläche erschienen. Damit sind wir wieder in Ostgrönland, wo unsere Kinder ebenfalls eine Türöffner-Rolle spielen: Von Robert Peroni weiß ich nur, was ich in Büchern über ihn gelesen und im Internet recherchiert habe. Er ist ein ehemaliger Expeditionsleiter und Bergsteiger. Der erste Mensch, der das grönländische Inlandeis an seiner breitesten Stelle ohne technische Hilfsmittel durchquert hat. Drei Männer, 88 Tage, 1400 Kilometer durch die »weiße Hölle«, ohne Nahrungsmitteldepots. Seine Beschreibung der Expedition macht mir klar: Da erwartet uns ein Mann, der sich eisern durchbeißt, wenn er einen Plan hat. Der äußere Härte erträgt, weil er sie sich selbst innerlich abverlangen kann.

Was ist das für ein Mensch, der freiwillig durch die lebensfeindlichste Zone unseres Planeten läuft, Erfrierungen und Hunger bis an die Grenze des physisch Tolerierbaren in Kauf nimmt? Der sogar den eigenen Tod als möglichen Preis für sein Unterfangen mitdenkt? Einer, der seit seinem Rekord umschwirrt ist von Arktisträumern, Nacheiferern und solchen, die in der Begegnung mit ihm das Geheimnis ergründen wollen, das hinter seiner fast unmenschlichen Zähigkeit zu stecken scheint.

Schon die Stimme am Telefon überrascht mich. Mild, einladend, geduldig. Genauso ist sein herzlicher Empfang am Heliport der Siedlung, in der er seit dreißig Jahren lebt. Es dauert keine Stunde, und er hat unseren Kindern liebevolle Spitznamen verpasst, die er bis heute beibehalten hat. So gestresst Robert bei all dem Trubel in seiner Expeditionslodge ist, so schnell schaltet er um, sobald unsere Kinder vor ihm stehen. Schon am ersten Morgen beobachtet er uns in der Morgendämmerung beim Anschnallen der Schneeschuhe von seiner Veranda aus. »Ihr seid die verrückteste Familie, die ich kenne!«, ruft er uns zu und lacht.

Kein noch so wildes Toben zwischen frisch eingetroffenen Gästen oder Geschwisterstreits in seinem Büro bringen ihn aus der Ruhe. Immer stellt er uns seinen grönländischen Freunden vor und bittet sie, uns zu unterstützen bei unseren journalistischen Anliegen, lehrt uns, Fettnäpfchen zu umgehen, gräbt nach Anekdoten, die uns helfen, durch die für uns fremde Welt zu navigieren. Unsere Kinder finden schnurstracks den kürzesten Weg in sein Herz – und umgekehrt.

Bei unserer Abreise nimmt Hannah allen Mut zusammen: »Robi, willst du mich heiraten? Ich meine, wenn ich groß bin?«

»Da musste ich so alt werden, um endlich den lang ersehnten Heiratsantrag zu bekommen!« Robert hebt Hannah hoch, drückt sie an sich und lässt zu, dass ihre Tränen fließen.

»Ihr seid jederzeit hier willkommen«, verspricht er uns.

Zu ihrem zehnten Geburtstag stellt Hannah eine Spardose auf. Sie will keine Geschenke bekommen, sondern Geld. Weil sie sich mit ihrer ersten selbst verfassten E-Mail mit Robert in Verbindung gesetzt hat. »Ich spare«, schrieb sie ihm. »Damit ich endlich wieder zu dir kommen kann.«

Zeitgleich mit uns befindet sich übrigens ein junges Journalistenduo in der grönländischen Arktis. Auffallend offen, herzlich, lustig, mit Berliner Charme und turmhohem Hauptstadt-Ego.

Schon am ersten Tag packt Mio (wie immer) seinen Ball aus und beginnt, vor unserem Häuschen zu kicken. Er ist nicht lange allein. Fritz-Nick gibt ihm sofort sportliches Kontra und kommt von nun an jeden Tag vorbei. Seine Mutter Caroline ist begeistert von der wachsenden deutsch-grönländischen Kinderfreundschaft. Und wie das so ist: Funkt es zwischen dem Nachwuchs, finden meist auch die Eltern zueinander.

Zugegeben – nicht viele Arktisreisende sind im Kindesalter. Dementsprechend begeistert sind besonders in kleinen Siedlungen einheimische Kinder, wenn wir eintrudeln. Wer so mobil im Alltag ist und sich vor Möglichkeiten der Freizeitgestaltung kaum retten kann wie Menschen in reichen Industrieländern, kann sich vermutlich nur schwer vorstellen, wie Isolation wirkt. Egal ob grönländische Siedlungen am Inlandeis, kleine Dörfer in Südafrikas Norden, abgelegene Farmen in Australien oder Insel-Lebensgemeinschaften – hier passiert in der Regel nicht viel Unerwartetes. Vor allem nicht im Leben der Kinder. Entsprechend werden unsere Kinder vereinnahmt, sobald sie (auch noch im Vierer-Pack) auftauchen.

Während wir zu Carolines Geburtstag eingeladen werden, mit den Jägern und ihren Familien Interviews führen und bei der Dorflehrerin auf der Couch sitzen und Tee trinken, wächst bei den beiden Hauptstadtreportern der Frust. Egal wo sie um ein Gespräch bitten – immer werden sie vertröstet. Als ich bei den Familien nachfrage, warum sie mit uns sprechen, nicht aber mit den beiden wirklich netten Reportern, ist die (nachvollziehbare) Antwort: »Weil ihr nicht einfach nur kommt, ein paar Bilder macht und Fragen stellt und wieder verschwindet.«

Stimmt. Wir genießen unterwegs den großen Luxus, uns Zeit für die Menschen nehmen zu können, die wir kennenlernen.

In der kleinen ostgrönländischen Siedlung Tiniteqilaaq wollen wir eigentlich nur ein paar Tage verbringen. Aber schon am ersten Tag ziehen Mio, Hannah und Frieda los, umgeben von einer Schar einheimischer Kinder, und kommen erst am Nachmittag wieder, mit rot glühenden Backen und von der arktischen Kälte völlig erschöpft. Am zweiten Tag schiebt Hannah das Tuch zur Seite, das wir für ein bisschen Privatsphäre an das Fenster unserer Hütte gehängt haben, und fällt vor Lachen fast vom Bett: Ihre neuen Freundinnen Orpa, Angiuk, Paula und Ulrika drücken sich die Nasen platt an der eiskalten Scheibe und ziehen verrückte Grimassen. Das war's dann: kein Aufwachen mehr ohne die wilde Bande vor der Hütte, keine Mahlzeit ohne einen Haufen hungriger Gäste, die sich um den kleinen Tisch drängen und in einer Mischung aus Faszination und Ekel aus der Nudelsoße jeden noch so kleinen Anteil an Gemüse entfernen (wer isst bitteschön ernsthaft Gemüse?). Von jetzt an sind wir der sprichwörtliche bunte Hund, wenn wir mit unseren vier Kindern, begleitet von einer einheimischen Kinderschar, losziehen in die Winterlandschaft.

Die Lehrerin der kleinen Siedlungsschule, eine Dänin, bemerkt die neuen Freunde ihrer Schüler und lädt uns zum Tee ein. Was um alles in der Welt hat die Frau hierher verschlagen?, geht es mir durch den Kopf auf dem Weg zu ihrem Haus. Fünf Minuten später erweitere ich meinen Gedanken: Was um alles in der Welt bringt eine alleinerziehende Mutter von fünf (!) Kindern dazu, in einer abgelegenen ostgrönländischen Siedlung eine Stelle als Lehrerin anzunehmen?

Im Haus fühle ich mich nicht mehr wie in Grönland. Es ist viel geräumiger als die kleinen Hütten, die wir bisher kennengelernt haben. Gemütlich eingerichtet, aber voller Schnickschnack und persönlicher Gegenstände. Vor dem Fenster liegen, wie hier üblich, Hunde an Ketten und holen mich mit ihrem ewigen Gejaule in die Realität zurück. Wer sich auf ein solches Leben einlässt, muss einen gewissen Hang zur romantischen Verklärung des Alltags in der Arktis haben, denke ich. So wie ich schon als Kind unbedingt nach Grönland ziehen wollte, weil ich mir kein Bild von der Härte machte, mit der die Menschen hier konfrontiert werden.

Die Frau neben mir auf dem Sofa ist keine Träumerin, sondern Realistin. Und fast bin ich überfordert von den harten Fakten, die sie mir über das Leben der Menschen in dieser Region auftischt.

»Die einzige warme Mahlzeit, die die Kinder hier zu sich nehmen, bekommen sie in der Schule. In den Ferien sieht es mit der Ernährung eher schlecht aus. Manche freuen sich regelrecht darauf, wieder in die Schule zurückzukehren, weil es dann endlich wieder regelmäßig Essen gibt.«

Noch während ich verdaue, was ich gerade gehört habe, legt sie nach: »In einer so winzigen Gemeinschaft halten alle zusammen. Glaubt bloß nicht, dass hier irgendwer einen Nachbarn oder ein Familienmitglied verpfeifen würde. Dabei rieche ich genau, welches Kind wieder dran war!«, fährt die Lehrerin fort.

Ich will nicht wirklich wissen, was sie damit meint.

»Es ist ganz offensichtlich, in welchen Familien sexueller Missbrauch stattfindet«, ergänzt sie.

»Wie kann das sein? Warum greift niemand ein?« Ich merke selbst, dass ich klinge wie eine, der bisher im Leben wenig ernsthaft Schlimmes widerfahren ist und deren Horizont in dieser Hinsicht daher naturgemäß begrenzt ist.

»Hier halten alle ganz selbstverständlich zusammen.« Die Lehrerin klingt eigenartig neutral. Vermutlich ist das reiner Selbstschutz. Für so abgelegene kleine Siedlungen sind soziale Unruhe und offen ausgetragene Konflikte eine echte Herausforderung. Die Portion Realität ist noch größer und massiver, als ich zunächst begriffen habe. Was ich über das Leben der Kinder hier erfahre, dreht mir den Magen um.

Extremer sozialer Zusammenhalt wird zur Falle, in die vor allem Kinder in abgelegenen Siedlungen stürzen. Auch das gehört zum Reisen dazu, wird mir später klar: an naiv-romantischen Vorstellungen kratzen. Auch wenn es über die eigene Schmerzgrenze geht. Den Argusaugen unserer Kinder entgeht sowieso nichts.

»Warum müssen unsere Freunde eigentlich nie nach Hause gehen?«, will Mio wissen.

»Suchen ihre Eltern sie nicht?«, hakt Hannah nach.

Auf manche Fragen haben weder Jens noch ich befriedigende Antworten. Wie erklären wir, dass das, was sie als faszinierende Kinderwelt aus neuen Freunden, Winterparadies und Abenteuer empfinden, auch eine ganz andere Seite hat? In altersgerechten Häppchen, die weder übermäßig verstören noch unnötig verharmlosen. Manchmal gehen Türen eben weiter auf, als uns lieb ist.

Manchmal aber gehen sie auf und eröffnen uns völlig unerwartete Perspektiven. Etwa wie in Broome, Westaustralien. Schon zum zweiten Mal begegnet uns dieser abgefahrene Oldschool-Doppeldeckerbus, hellblau mit dunkelblauen Ornamenten, Dachveranda, Kinderfahrräder hinten festgezurrt. Diesmal beschließen wir anzuhalten und herauszufinden, wer mit diesem Hotel auf Rädern durch Australien tingelt. Zwei kleine Jungs in Paulas Alter sitzen nicht weit entfernt und buddeln im Sand. Dass Paula sich auf jedes Kind stürzt, ist an der menschenleeren australischen Westküste nicht überraschend. Ganz selbstverständlich läuft sie hinter den beiden Jungs her, klettert die Stufen zum Bus hoch und verschwindet in dem blauen Monster.

»Paula, komm mal wieder da raus!«, versuche ich mein Glück, wie erwartet ohne Erfolg. Aber einfach so hinterhergehen? Aus dem Bus höre ich wildes Kinderkichern. Gut, dann hocke ich mich einfach mal in den Schatten und warte auf mein Kind. Statt Paula steht kurz darauf ein Mann in der Tür. Und was soll ich sagen … Wäre ich allein unterwegs, würde ich mir keine Mühe geben, meinen ersten Eindruck zu verbergen: markantes Gesicht, ausgeprägte Kinnpartie, ziemlich attraktiv.

»Komm rein«, ruft Andi mir zu.

»Okay … ich hole nur schnell meinen Mann.« Damit wäre das schon mal geklärt.

Andi sitzt auf einem Hocker an seiner Bar, die sich gleich an den Wohnraum und die Küche anschließt. Er drückt mir ein kaltes Bier in die Hand, sucht nach einer CD.

»Sind die beiden Jungs deine Söhne? Und seid ihr länger so unterwegs?«, will ich wissen.

»Immer. Wir leben in diesem Bus. Können sechs Monate autark ohne Elektrizität und Wasser auskommen. Alles, was wir brauchen, ist an Bord.« Andi grinst. »Waschmaschine, Tiefkühltruhe mit Hunderten Kilo Fleisch, Badewanne, Gästezimmer, Kalt- und Warmwasser.«

»Und immer in Broome?«

»Nö, wo es uns so hintreibt. Wir besuchen meine Ex-Frau regelmäßig, damit sie die Jungs sieht. Sie lebt in einer *Aboriginal community* und will da auch bleiben. Also fahren wir halt immer mal wieder dort vorbei.«

»Ganz schön viel Platz für euch drei!«

»Wir sind selten zu dritt«, sagt Andi selbstbewusst. »Eigentlich haben wir immer Gäste. Was ist mit euch? Bleibt doch ein paar Tage bei uns.« Warum eigentlich nicht? Feste feiert man am besten, wie sie fallen. Und das tun wir dann auch prompt.

Abends, wenn die Kinder zu dritt in der Badewanne sitzen und Salz und Sand vom Tag loswerden, legt Andi auf und eröffnet die Tanzfläche. Natürlich nicht ohne eine wunderschöne Frau an seiner Seite, »die ein paar Tage mit ihm unterwegs ist«. Es sind perfekte Tage und Nächte. Musik, Geschichten, Humor, Träume. Sonne, Strand und Kinder, die sich dermaßen im Indischen Ozean verausgaben, dass sie abends wie betäubt in ihre Kojen fallen. Die Tage im blauen Bus sind der Inbegriff sorgenfreier Existenz, an denen das Leben so pulsiert, dass jede Minute Schlaf wie Gotteslästerung erscheint.

Andi nimmt nicht zum ersten Mal Abschied, ganz klar. »Ihr könnt immer mitreisen. Wir sehen uns ganz sicher wieder. An der Westküste ist es fast nicht möglich, sich nur einmal zu begegnen.«

Kurz überlegen wir, Andi nach einer Adresse zu fragen, einer Telefonnummer, einem Mailkontakt. Aber besser als es war, kann es nicht mehr werden. Und trotzdem muss ich gestehen: Es gibt Momente, da wünsche ich mir, dem blauen Riesenbus und seinen Träumern irgendwann im Leben ein zweites Mal zu begegnen.

Ausnahmen bestätigen die Regel, und so gibt es auch Menschen, die gegen jeglichen Kindercharme immun sind. Menschen, die ihre Tür schließen, gerade weil wir mit vier Kindern anrücken. Die »Hexe von Montenegro«, wie Hannah sie nennt, hat es tatsächlich geschafft, uns in die Flucht zu schlagen.

Bucht von Kotor, Montenegro. Die Stimmung im Bus ist gereizt. Wir sind hundemüde, hungrig, und es ist so heiß, dass nur noch ein Sprung ins Wasser Abhilfe schaffen kann.

Seit einer Weile bewundern wir aus dem Autofenster die azurblaue See.

»Den nächsten Campingplatz nehmen wir!«, versichere ich.

Wir nehmen ihn nicht – zu voll.

Der übernächste ist hässlich, der dritte zu dicht an der Straße.

Der vierte ist zwar hässlich und direkt an der Straße, dafür immerhin ganz leer. Gut, seine Einrichtung ist schon ziemlich spartanisch – eine Bretterbude als Toilette, ein Wasserschlauch als Campingküche. Dafür können wir uns auf die Mauer stellen und direkt ins Wasser springen und danach auf selbiger trocknen und uns süße Feigen direkt vom Baum in den Mund schieben.

Komisch nur, dass hier wirklich gar niemand zu sehen ist. Ich vergewissere mich, dass ich das Schild am Eingang nicht falsch interpretiert habe, dann bauen wir einfach mal unsere Zelte auf.

Gegenüber geht ein Fenster auf, eine alte Frau schaut heraus und knallt die Holzläden krachend zu. Unsere Kinder haben sich in Windeseile ein Packraft aufgeblasen und nutzen es als Sprungplattform in der Bucht. Ich schaue ihnen zufrieden zu und pflücke in Gedanken versunken eine der Tausenden fetten Feigen über mir. Da ertönt ein Geschrei, das selbst die Kinder im Wasser aufhorchen lässt. In schwarzem Gewand mit Spitzenborte erscheint eine gebeugt laufende alte Frau. Die Feige schlägt sie mir aus der Hand und macht mir unmissverständlich klar: Auf Feigenklau folgt in der Regel die Todesstrafe! Zumindest in ihrem Refugium, das diesen Campingplatz umfasst.

Mürrisch zeigt sie uns die Toilette und die Dusche (ein Wasserschlauch, der auch als »Küche« und Klospülung herhält) und schreibt dann in den heißen Sand: vierzig Euro pro Person für eine Nacht.

Kinder?

Zahlen wie Erwachsene!

Ich feilsche, und wir einigen uns auf absurde dreißig Euro, die von den hutzeligen Fingern der Hexe zwischen Rockbund und Bauchspeck eingeklemmt werden. Nur weil ich will, dass sie schnell wieder hinter ihren Klappläden verschwindet, bevor sie unsere Kinder völlig verschreckt, gehe ich auf ihre absurd überhöhte Forderung ein. Zu spät. Mio klettert vom Wasser über die Mauer zu mir und bleibt unter dem Feigenbaum sitzen. Genau unter dem Baum, den ich illegal um eine Frucht erleichtert hatte. Dass auf dem Boden Hunderte aufgeplatzter Feigen vor sich hin faulen, ignoriert die Alte. In grotesker Zeichensprache macht sie Mio deutlich: Iss eine Feige, und du bist einen Kopf kürzer.

»Wollen wir doch lieber fahren?«, frage ich Jens. Aber ich selbst habe ja gerade schon bezahlt. Und die Zelte stehen auch schon. Und ich bin müde.

»Ich will weg hier. Die Frau ist irgendwie gruselig«, bemerkt Mio.

»Morgen«, vertröste ich ihn.

Am Morgen erscheint sie wieder, um nach dem Rechten zu sehen. Unsere Zelte sind schon abgebaut – keinen von uns hält es hier länger. Als ob sie uns den Abschied noch leichter machen will, pflückt die Alte einige reife Feigen und hält sie den Kindern hin. Etwas überrascht greifen sie danach, aber bevor sie die Früchte erwischen, zieht die Alte ihre Hände wieder zurück und schießt mit einer Salve wüster Beschimpfungen nach uns. Wir fliehen. So richtig wie im Film: ins Auto, Gaspedal durchdrücken und nichts wie weg.

Die Hexe von Montenegro mit dem Herz aus Stein bleibt uns allen in Erinnerung. Zum Glück werden solche Erfahrungen bei Kindern meist schnell überlagert. Jede als negativ empfundene Begegnung mit anderen Menschen wird durch ungleich mehr positive ausgeglichen. Das Wissen, dass beides möglich ist, die positive Erfahrung aber wahrscheinlicher eintritt, ermöglicht ihnen, grundsätzlich offen auf Menschen zuzugehen, ohne dabei naiv zu sein.

Keine Stunde nach unserer übereilten Abreise haben unsere Kinder Hunger auf frisches Obst. In Montenegro das geringste Problem. In einem Bretterverschlag am Straßenrand sitzt eine alte Frau hinter einer Melonen-Pyramide zwischen Aprikosen, Feigen, Tomaten, Gurken und anderen frisch geernteten Herrlichkeiten. Erst trauen sich die Kinder nicht aus dem Auto heraus – die Frau hat zu viel Ähnlichkeit mit der Campingplatz-Hexe. Sie schicken uns voraus und folgen erst, als sie sehen, dass wir nicht wieder fluchtartig verschwinden. Je mehr Kinder aus dem Auto steigen, umso erfreuter wird die gebückte Montenegrinerin. »Alle deine?«, fragt sie mich und nickt anerkennend. »Kinder sind gut!«, erklärt sie zufrieden.

Dann gibt es kein Halten mehr. Unsere Kinder füllen Körbe voller Obst und Gemüse, die Gemüsefrau überhäuft sie zum Dank mit Kostproben und Gratismarmelade, Gratissaft, Gratiseinmachobst, Gratisküssen und Liebkosungen. »So schöne Kinder!«, sagt sie, als wir uns verabschieden.

Es sind nur noch wenige Kilometer bis zur albanischen Grenze, aber jetzt haben wir es nicht mehr ganz so eilig.

Shitstorm in Reykjavík – Gesundheit unterwegs

»Mama, bist du wach?«

»Hmmm!«

»Mama, mach meine Ohren sauber. Bitte!«

Spätestens jetzt bin ich hellwach. Warum weckt eine Zweieinhalbjährige ihre Mutter und bittet sie darum, ihr die Ohren zu putzen? So etwas habe ich von meinen Kindern noch nie gehört!

Das Dunkel unseres ersten grönländischen Morgens wird durch den Lichtschein von Friedas Taschenlampe vertrieben. An den Innenseiten der Fenster hat sich eine dicke Eisschicht gebildet, und ich hoffe, nur geträumt zu haben. Aber Frieda hakt noch einmal nach. Also schäle ich mich aus zwei ineinander gestülpten Daunenschlafsäcken. Das Wirrwarr aus Buntstiften und Blättern auf Friedas Bettseite lässt mich erahnen, dass sie schon eine Weile wach ist. Klar: die Zeitverschiebung!

Bevor ich mir die Ohren meiner Tochter vornehme, muss ich erst einmal meine Blase leeren. Keine leichte Sache, stelle ich fest. Der Deckel des Kunststoffmülleimers, der zu einem Klo umfunktioniert wurde, ist festgefroren. Da hilft nur rohe Gewalt! Frieda schaut verwirrt zu, wie ihre Mutter die Daunenhose runterlässt und sich ungraziös über den Eimer hockt, auf dessen Boden die Spuren des Vorgängers bereits zu Eis erstarrt sind.

»Was ist mit deinen Ohren?«, raune ich Frieda zu.

»Sind schmutzig«, erklärt sie mir.

Mein Kind weckt mich im Morgengrauen bei minus fünfzehn Grad, um sich ihre Ohren reinigen zu lassen? Ich fasse es nicht! Mürrisch krame ich in meinem Waschbeutel nach Wattestäbchen. In mehrere Lagen Winterkleidung eingehüllt, setzt sich Frieda mit Schnuller im Mund auf meinen Schoß. Ein kurzer Blick reicht aus, um mir die Haare zu Berge stehen zu lassen.

»Was ist das in deinem Ohr?«, will ich wissen. Dabei kenne ich die Antwort bereits. Das Buntstiftewirrwarr auf dem Bett bestätigt meine Vermutung: Eine der frisch geschliffenen Stiftspitzen fehlt. Oder besser gesagt, sie ist nicht mehr da, wo sie hingehört, sondern befindet sich auf dem Weg in den Gehörgang unserer Tochter.

Mittlerweile ist auch Jens wach. Mit einer feinen Pinzette versucht er, die Stiftspitze herauszuziehen, aber stattdessen verschwindet das Objekt ganz und gar aus seinem Blickfeld. Das kann doch nicht wahr sein! Zum Glück versiegt Jens' Optimismus in den seltensten Fällen. »Ist doch Glück im Unglück!«, beruhigt er uns – und vielleicht auch ein bisschen sich selbst. Schließlich sind wir noch in der Hauptsiedlung Ostgrönlands, in Tasiilaq, und somit in Laufweite des einzigen Krankenhauses der insgesamt 17 000 Kilometer umfassenden Ostküste.

Mit Schneeschuhen unter den Füßen ziehen wir Frieda wenig später auf einer Pulka durch die eisige Landschaft zum *Tasiilaq Sundhedscenter*, einem lang gezogenen, gelb gestrichenen Holzbau. Der dänische Arzt sieht aus, als hätte er das Renteneintrittsalter schon vor zwei Jahrzehnten erreicht. Und er verhält sich auch so: Mit zitternder Hand führt er die Lupe an Friedas Ohr und stellt trocken fest, dass da nichts sei.

»Klar ist da was!«, ringt Jens um Fassung.

»Eine Stiftspitze!«, bestätigt Frieda gut gelaunt.

»Tut mir leid, ich kann nichts sehen!«, erklärt der Mediziner.

Wir können es kaum glauben. Ist der Typ blind?! Zum Glück mischt sich eine Schwester ein und nimmt dem Mann beherzt das Untersuchungsinstrument aus der Hand. Mit einer Lupe vor ihrem Auge, lässt sie Frieda endlich das angedeihen, worum sie schon vor Stunden höflich gebeten hat: eine ordentliche Ohrenreinigung!

Es liegt in unseren Genen, ob es uns passt oder nicht: Die Sorge um das Überleben unserer Nachkommen ist fest in uns einprogrammiert. Als Eltern würden wir alles Erdenkliche tun, um unsere Kinder sicher und wohlbehalten über die Zielgerade zu bringen – wo auch immer wir sie verorten. Und manchmal treibt diese Fürsorge erstaunliche Blüten. Wäre es möglich, würden wir wohl unsere Seele verkaufen, nur um dafür von höchster Stelle die Bestätigung zu erhalten, dass unsere lieben Kleinen gesund und glücklich durchs Leben gehen können. Wen wundert es also, dass sich andere Eltern bei uns häufig als Erstes nach der Gesundheit unserer Kinder auf Reisen erkundigen. Als suchten sie nach einer Geheimformel, die das Entdecken anderer Länder ganz ohne gesundheitliches Risiko möglich macht.

Um es gleich vorwegzunehmen: Da muss ich passen. Die habe ich leider nicht!

Weil es sie ganz einfach nicht gibt.

Das wiederum führt zu der Erkenntnis, die uns Eltern einfach nicht so recht schmecken will: Jede Reise ist mit Risiken verbunden – auch mit gesundheitlichen. Die gute Nachricht ist, dass diese Risiken bei genauerer Betrachtung oft viel kleiner sind, als wir sie uns in unserer Fantasie ausmalen. Manchmal können wir sie durch gute Vorbereitung sogar noch minimieren. Aber natürlich gibt es auch Ziele, wie zum Beispiel Bürgerkriegsgebiete oder Regionen mit extrem hohem Risiko, an Krankheiten wie Malaria zu erkranken, auf die wir verzichten müssen. Für mich als Reisejunkie die schmerzhafteste Variante, das gebe ich gern zu. Und übe mich trotzdem darin.

Laut unserer Tochter Hannah, mittlerweile zehn, ist jeder Tag ohne Obst und Gemüse ein verlorener. Je frischer, knackiger und saftiger, desto besser. Herrlich, wenn klebriger Mangosaft über die Finger rinnt, sich dazwischen sammelt und bis zum Ellenbogen eine genüssliche Spur hinterlässt! Wie Hannah sich dann zu helfen weiß, können sich die meisten Eltern denken.

Dieses ungehemmte, sinnliche Entdecken ist typisch für Kleinkinder (und bei Hannah auch über das Kleinkindalter hinaus). Zu Hause lässt es uns meist kalt, wenn sich unsere Kinder die ungewaschenen Finger in den Mund schieben, ungeschältes Obst futtern oder einen fantastischen Fund vom

Boden aufklauben und mit allen Sinnen testen. Dieser unbeschwerte Umgang mit allerlei Verlockungen ist schließlich Teil einer ganz normalen kindlichen Entwicklung. Kinder sind Entdecker, durch und durch. In Ländern mit sehr schlechten hygienischen Standards kann diese Eigenschaft aber bei Eltern echten Stress auslösen. Gewollt oder ungewollt rauschen in solchen Momenten sämtliche Informationen über damit verbundene Risiken als Wirbelsturm durch unser Elternhirn: Reisedurchfall, Salmonellen, Cholera, Giardiasis …

Als Frieda gerade zwei Jahre alt war, stand für unsere gesamte Familie eine Reise in das ecuadorianische Amazonasgebiet auf dem Programm. Weit abgelegen von einer für uns alltäglichen Infrastruktur. In kleinen Siedlungen der indigenen Bevölkerung wollten wir dokumentieren, welche drastischen Auswirkungen die Vergiftung der Wasserressourcen durch Ölbohrungen auf die gesundheitliche Entwicklung der Kinder vor Ort hat.

Amazonas! Wie lange hatte ich schon davon geträumt. Was liegt da näher, als sich bei der medizinischen Sprechstunde des Tropeninstituts genau über die vorgeschriebenen Impfungen zu erkundigen? Um es kurz zu machen: Zum Thema Impfung kamen wir gar nicht. Als ich der Ärztin am Telefon das Alter unserer Kinder durchgab, war die Sache für sie so gut wie erledigt. Als Malariagebiet ist dort zumindest ein Stand-by-Präparat für den Fall der Fälle mitzuführen.

»Da stirbt ihr Kind im schlimmsten Fall schon an den Nebenwirkungen der Malariabehandlung!«

»Was für eine maßlose Übertreibung!«, war meine erste Reaktion.

Oder doch nicht? Jens und ich ließen uns alle Vor- und Nachteile durch den Kopf gehen. Und wir erinnerten uns an die letzte Reise in die Arktis, wo wir trotz Mückennetzen, Mückensprays und langer Kleidung wie Pockenbefallene aussahen (mir ist bis heute nicht klar, wie diese Plagen es immer wieder schafften, sich einen Weg durch unsere ausgefeilten Abwehrsysteme zu bahnen). Arktische Mücken haben allerdings einen entscheidenden Vorteil: Sie übertragen keine Krankheiten, die fatale Folgen haben können. Im Amazonasgebiet hätte uns dagegen jeder Mückenstich in Alarmbereitschaft versetzt. Wie soll man einem Kleinkind klarmachen, dass ein Mückennetz penibel verschlossen und trotz Hitze jeder Hautfleck mit langer Kleidung bedeckt sein muss?

Verstehen Sie mich nicht falsch: Eine Reise ins Amazonasgebiet, nach Indien oder Nepal ist auch mit Kleinkindern *möglich*, keine Frage. Wer sich dieser Herausforderung gewachsen fühlt, wird sicher mit fantastischen Erlebnissen belohnt. Jens und mir fehlten mit vier kleinen Kindern zum ernsthaften Genießen solcher Reiseziele aber mindestens vier Arme, zwei Augenpaare und eine gehörige Portion Entspannung. Oder vielleicht auch einfach nur die Ausdauer, die nötig gewesen wäre, um unseren Kindern hundertmal am Tag zu erklären, warum es nötig sei, das gefundene Bonbon auf der Straße vergammeln zu lassen (aus Kindersicht eine unfassbare Verschwendung wertvoller Ressourcen!) oder scheinbar saubere Hände zu waschen.

Jede Reise mit Kindern hat ihren Preis. Wie hoch der sein darf, hängt ganz individuell von den Kapazitäten der Eltern und Kinder ab. Eine Regel, die wir bei unserer Planung immer befolgen: Sollten entweder Jens oder ich oder eines unserer Kinder ernsthafte Bedenken zu einem angepeilten Ziel anmelden (und sollten sich diese Bedenken nicht aus dem Weg räumen lassen), lassen wir die Finger davon. *Cook it, peel it, or leave it!* Zum Glück ist aufgeschoben nicht aufgehoben.

Wenn ich »Reise Spanien« in meine Internet-Suchmaschine eingebe, stehen mir mehr Ergebnisse zur Verfügung, als ich jemals werde verarbeiten können. Das gilt allerdings nicht für alle Reiseziele, die wir mit unseren Kindern ansteuern. Als wir wegen des Reportageprojekts zu den Auswirkungen des Klimawandels zu unserer ersten Ostgrönlandreise aufbrechen, ist Frieda zwei, Hannah fünf, Mio sechs und Paula zwölf Jahre alt, und es gibt nicht mal eine Handvoll aktuelle Reiseführer dafür auf dem Markt. In dem ausführlichsten von ihnen befassen sich gerade mal 23 von 276 Seiten mit dem dünn besiedelten Osten der mit Abstand größten Insel der Welt. Eigentlich genau nach meinem Geschmack, denn im Umkehrschluss deutet das auf bisher wenig entwickelten Tourismus und viel Abenteuer hin.

Diesmal bin ich die treibende Kraft, die einen Ausflug mit Kleinkindern in den ostgrönländischen Winter unproblematisch findet. Ein Kindheitstraum, ich berichtete bereits davon. Mit zwölf hatte ich meinen ersten Wanderrucksack regelmäßig mit zwanzig Kilo Büchern bestückt, um meine Kondition für die erträumte Grönlandreise zu verbessern.

Von den 3500 Menschen Ostgrönlands leben mehr als die Hälfte in der Hauptsiedlung Tasiilaq. Eine umfassende medizinische Versorgung gibt es nur dort. Oder in der isländischen Hauptstadt Reykjavík. Jens und ich ließen uns deshalb von unserem Kinderarzt eine Notfallapotheke zusammenstellen und nahmen sein Versprechen mit, dass wir ihn im

Ernstfall zu jeder Tages- und Nachtzeit anrufen dürften. Mittlerweile stellen wir uns vor jeder Reise die wichtigsten Telefonnummern und Adressen der medizinischen Einrichtungen vor Ort zusammen. Mit dieser Liste, die wir mit unseren Reisedokumenten aufbewahren, ist es wie mit einem Regenschirm: Wenn man sie dabeihat, braucht man sie nicht.

So weit, so gut.

Zu unseren Reisevorbereitungen gehört auch das kontrovers diskutierte Impfthema. Aus schulmedizinischer Sicht gibt die Deutsche Gesellschaft für Tropenmedizin und Internationale Gesundheit (DTG) Impfempfehlungen heraus. Welchen dieser Empfehlungen Eltern letztendlich folgen wollen, steht auf einem anderen Blatt. Wir haben uns zwar dazu entschieden, unsere Kinder erst nach Ende des achtzehnten Lebensmonats impfen zu lassen, dafür sollten sie aber später im Vorfeld unserer intensiven Reisezeit noch einige »Pikser« über den Standard-Impfschutz hinaus erhalten.

So beschlossen wir beispielsweise vor unserer Südafrikareise, unsere Kinder gegen Hepatitis B impfen zu lassen. Dafür ist die Verabreichung mehrerer Dosen nötig. Und natürlich sollte das Kind bei der Impfung gesund sein. Da zwischen den Gaben ein Mindestabstand eingehalten werden muss, ist rechtzeitige Planung nötig. Nicht gerade unsere Stärke, muss ich gestehen! Die Quittung dafür erhielten wir prompt kurz vor Abflug nach Kapstadt.

Die ersten Pusteln erschienen auf Hannahs Bauch, dann auf dem Rücken. Keine vierundzwanzig Stunden später war unsere Tochter von Kopf bis Fuß mit Windpocken übersät. Kein Problem – eigentlich. Paula und Mio hatten diese Kinderkrankheit schon problemlos hinter sich gebracht. Blieb nur noch Frieda als potenzielle Kandidatin. So begann das Rechnen. Und Überlegen. Während Paula, Mio und Hannah die Hepatitis-Impfung schon überstanden hatten, war Frieda wegen einer Erkältung vorübergehend verschont geblieben. Aber jetzt impfen? Auf die Gefahr hin, dass die Windpocken bei ihr bereits auf dem Vormarsch waren? Die Inkubationszeit bei diesen fliegenden Pocken beträgt bis zu 28 Tage, meist zeigen sich die ersten Symptome erst nach zwei Wochen. Bis zu unserem Abflug blieben noch genau 28 Tage …

Wir schoben die Hepatitis-Impfung also hinaus und beobachteten weiter mit Argusaugen Friedas Haut. Am fünfzehnten Tag atmeten wir vorsichtig auf: Sollte Frieda tatsächlich verschont geblieben sein? Von wegen! Gerade als wir uns dazu entschlossen hatten, doch noch kurz vor dem Abflug Friedas Hepatitis-Impfung durchzuführen, zeigte uns unsere Tochter stolz ihre »Wunschpunkte«. Viele. So richtig viele! Zum Glück heilten die Pocken mit einer homöopathischen Behandlung extrem schnell ab. Trotzdem sah Frieda am Tag unseres Abflugs katastrophal aus. Auch wenn von ihr keine Ansteckungsgefahr mehr ausging, waren wir uns sicher: So kommen wir niemals ins Land.

Zwei Jahre zuvor war meine Schwester zur Zeit der Schweinegrippe-Welle in Johannesburg mit einer Wärmebildkamera erfasst und trotz Protest in ein Krankenhaus gebracht worden. Der Arzt im Dienst musste sie letztendlich zwar einreisen lassen, da sie nur um 0,1 Grad Celsius unter der »verbotenen Körpertemperatur« lag, aber er hatte ihr und mir mit düsterem Gesichtsausdruck prophezeit, dass sie spätestens am Abend schwer krank sein würde. Noch vor Tagesende bekam sie Fieber. 41 Grad. 72 Stunden lang.

Doch wie so oft hatten wir mit unseren Kindern mal wieder ordentlich Glück. In letzter Minute hatte Frieda die Windpocken abgehakt und durfte in Südafrika einreisen – in langer Kleidung, mit Halstuch und Schirmmütze, nur um sicherzugehen. Ohne Hepatitis-Impfung, aber immun gegen fliegende Pocken.

Gelegentlich haben uns plötzliche Virenattacken oder andere unvorhergesehene körperliche Beeinträchtigungen aber durchaus schon einen Strich durch die Reise-Rechnung gemacht. Als Paula ein Jahr alt war, fing sie sich kurz vor unserer Abreise nach Australien eine Erkältung ein, mit allem Drum und Dran, inklusive Ohrenentzündung. An einen Flug war nicht mehr zu denken, schon gar nicht an eine Langstrecke. Seitdem schließen wir zu jedem Flug eine Rücktrittsversicherung ab – und eine Reisekrankenversicherung noch dazu. Da ich gelernt habe, mein fehlendes Organisationstalent auszutricksen, verfügen alle Familienmitglieder über einen umfassenden Krankenversicherungsschutz auf Reisen, inklusive Rückholversicherung. Sie erinnern sich, das Regenschirmprinzip?

Aber geben wir uns keiner Illusion hin: Selbst bei guter Vorbereitung und trotz rechtzeitig und gewissenhaft durchgeführter (Impf-)Vorkehrungen kann es jeden von uns auf Reisen erwischen. Denn nicht immer ist ein Krankenhaus oder ein niedergelassener Arzt in der Nähe, wenn es gerade nötig ist. In solchen Fällen nehmen Jens und ich uns ein Beispiel an Stewardessen auf Langstreckenflügen: laut und deutlich durchsagen, dass medizinische Hilfe gebraucht wird. Das funktioniert fast immer. Einmal sind wir in einem Nationalpark an der südafrikanischen Garden Route unterwegs, als Hannah auf einer Steinmauer ausrutscht, mit dem Hinterkopf auf ein Stück rostigen Draht fällt und heftig blutet. Bis zum nächsten Krankenhaus sind es zwei Stunden mit dem Auto, bis zum Parkplatz des Nationalparks ein paar Minuten zu Fuß. Jens schultert Hannah und joggt mit ihr zu einer Ansammlung von Motorrädern und Autos. »Ist hier ein Arzt?«, tönt er über die Reisenden hinweg. Es dauert keine zehn Minuten, und der begleitende Arzt einer deutschen Motorradreisegruppe hat Hannahs Wunde gesäubert und Jens mit Medikamenten und Anweisungen versorgt.

Eines haben wir unterwegs definitiv gelernt: keine falsche Scheu an den Tag legen. Fragen kostet nichts. Und die Lösung liegt oft ganz nah.

Am letzten Abend unserer zweiten Ostgrönlandreise, die wir diesmal im arktischen Sommer unternehmen, sitzt Mio beim Essen einem Schamanen gegenüber und beobachtet ihn angespannt. Je weiter der Abend fortschreitet, desto auffälliger fixiert er den alten Mann.

»Alles klar, Mio?«, fragt Jens vorsichtig nach.

»Ich bin müde. Ich will ins Bett!«

Was für eine seltsame Ansage aus dem Mund unseres Sohns. Aber da für den nächsten Tag die anstrengende Rückreise nach Island ansteht, brechen wir das Essen ab und bringen die Kinder in unserer kleinen Holzhütte ins Bett. Kaum hat sich die Ruhe der arktischen Nacht über uns gesenkt, schreckt Mio hoch und beginnt am ganzen Körper zu zittern. Sein Gesicht zeigt Lähmungserscheinungen, er ringt nach Luft und gibt angsteinflößende Geräusche von sich. Auch ohne medizinische Kenntnisse ist uns klar: Das ist ein epileptischer Anfall. Was ihn ausgelöst hat, kann ich nicht sagen, aber dieser Moment gehört ganz sicher zu den schrecklichsten, die ich als Mutter jemals erlebt habe.

Der Weg zum Krankenhaus ist zu weit, und so bleibt Jens bei Mio, während ich auf der Suche nach einem Arzt mit Herzrasen in die Expeditionslodge nebenan renne. Ich habe Glück: »Hier ist tatsächlich gerade ein Kinderarzt zu Gast«, bestätigt eine Reisegruppe. Mit ansteckender Besonnenheit begleitet mich der Mann zu Mio, der mittlerweile wieder ruhig auf dem Bett liegt und schläft. Nach einer kurzen Untersuchung bestätigt sich unsere Vermutung. Anstatt unsere Ängste zu befeuern, beruhigt uns der Kinderarzt und gibt uns zum Schluss sogar noch grünes Licht für die verbleibende Reisezeit. Um ganz sicherzugehen, klingele ich noch unseren Kinderarzt zu Hause aus dem Bett, schildere ihm den Vorfall und erhalte den gleichen Rat: Unsere Reise zu Ende bringen, solange nicht noch ein Anfall auftritt. Am nächsten Tag würden wir sowieso in Island sein, wo es eine gute medizinische Versorgung gibt, falls sich der Anfall wiederholen sollte.

Das Reisen mit Kindern hat uns noch etwas anderes gelehrt: Wir können uns noch so gut vorbereitet fühlen – manchmal kommt es trotzdem ganz anders. Die Reiseapotheke kann aus allen Nähten platzen, aber irgendetwas fehlt im entscheidenden Moment. Jens und ich haben daraus den Schluss gezogen, dass wir gar nicht erst mit dem Anspruch losziehen, alles unter Kontrolle zu haben.

Sechs Wochen Ostgrönland im Winter, mit für Vegetarier überschaubarer Gemüseversorgung, liegen hinter und drei Wochen Island noch vor uns. »Ich will sofort Äpfel kaufen!«, drängt uns Hannah unmittelbar nach der Landung. Die

Gemüseabteilung im Supermarkt und das frische Essen unserer Gastgeberin Katrine kommen uns vor wie der Himmel auf Erden. Deftig, vollwertig, gesund. Vielleicht ein bisschen zu viel des Guten?

In der Nacht beginnt der Aufstand. Zuerst rebelliert Hannahs Magen-Darm-System. Dann Jens' und meines. Ich schwöre, das ist der schlimmste Brechdurchfall, der mich jemals heimgesucht hat. Und das in einem fremden Haushalt. Während die Episode bei Hannah nur eine halbe Nacht dauert und sie schon am Morgen wieder mit Appetit am Frühstückstisch sitzt, liege ich geschlagene achtundvierzig Stunden lang mit Decke und Kissen auf dem Badezimmerboden zwischen Toilette und Eimer. Mollig warm von unten, Fußbodenheizung und isländischer Geothermie sei Dank. Den Anblick von Terrakottafliesen aus allernächster Nähe werde ich sicher noch lange mit dem typischen Schwefelgeruch des isländischen Leitungswassers verbinden. Während mein Martyrium im Erdgeschoss dramatische Züge annimmt, zieht sich Jens in die obere Toilette zurück, und unsere Kinder sehen erstaunt dabei zu, wie ihre Eltern zu bewegungsunfähigen, sprachlosen Wesen mutieren.

Doch damit nicht genug. Kaum hat sich Montezuma an uns abreagiert, kommt die nächste Überraschung:

Mit einer isländischen Freundin und ihrer kleinen Tochter sitzen wir in einem Reykjavíker Café und erzählen von den hinter uns liegenden Wochen in Grönland. »Mio, hör doch endlich mal auf, dich am Kopf zu kratzen!«, unterbreche ich mehrfach meine schillernden Reisebeschreibungen. Bis mir eine Ahnung durch den Kopf schießt und ich mich mit Mio in die enge Toilette des coolen Cafés quetsche. Seinen Kopf über das Waschbecken gebeugt, mache ich einen Fund, den ich nur allzu gern für mich behalten würde. Nachdem wir das schöne Haus unserer Gastgeber schon mit Brechdurchfall verseucht haben, folgen jetzt also auch noch Läuse!

Unter irgendeinem Vorwand verabschieden wir uns rasch von unserer Freundin und kaufen sämtliche Vorräte an Läuseshampoo in der nächstbesten Apotheke auf (»Sind Sie sicher? So viele Flaschen?«), für sage und schreibe zweihundert Euro. Auf dem Weg zu unserer Unterkunft lege ich mir immer wieder die richtigen Worte bereit (Gibt es eine unverfängliche Umschreibung für Läuse? Könnte ich die Kinder auch heimlich behandeln?).

Was soll ich sagen: Alle Ängste waren völlig unbegründet. Spätestens seit der Fußball-Europameisterschaft 2016 weiß schließlich die ganze Welt, welch entspannte Gesellen die Isländer sind. Ich hätte es mir zumindest denken können: Wer von den Wikingern abstammt, hat für ein paar Läuse nur ein mildes Lächeln übrig.

Einige Wochen nach unserer Rückkehr aus Ostgrönland kam übrigens ein Brief bei uns an. Absender: *Tasiilaq Sundhedscenter*. Empfänger: Frieda Steingässer. Im Umschlag steckte der Arztbericht zu Friedas »schmutzigen Ohren«, mit einem dicken Smiley darauf. Beigefügt hatte der Arzt ein gut verschlossenes Plastikröhrchen. Den Erinnerungsschatz darin, eine unauffällige Buntstiftspitze in Friedas Lieblingsfarbe Königsblau, bewahre ich in meiner Schmuckschatulle auf. Zu ihrem achtzehnten Geburtstag werden wir sie Frieda überreichen. Oder vielleicht lieber vor ihrer ersten eigenen Reise?

Business as unusual

»Dutch tourist faces two years in Burmese jail for pulling plug on Buddhist sermon«, titelt *The Telegraph* im Oktober 2016.

Die Geschichte: Ein niederländischer Tourist konnte nicht schlafen. Zu laut tönte es aus Lautsprechern vor seinem Zimmer. Erzürnt über diese Störung, trat er vor die Tür seines Hotels, ging in ein Gebäude, dass er als Quelle seiner Schlafstörung identifiziert hatte, und zog den Stecker des Verstärkers. Blöd: An Schlaf war jetzt erst recht nicht mehr zu denken. Der Herr wurde von aufgebrachten Teilnehmern der Predigt, die er soeben unterbrochen hatte, verfolgt. Und jetzt sitzt Herr K. im Knast, in Myanmar. Einem Land, das noch vor Kurzem eine Militärdiktatur war und durch regelmäßige Verletzungen von Menschenrechten und die massive Verfolgung und Vertreibung der Rohingya durch das Militär von sich reden macht. Ich will gar nicht wissen, wie viele schlaflose Nächte dieser Mann seitdem hatte. Ganz sicher wäre es schlauer gewesen, sich mit einem Minimum an Einfühlungsvermögen an die lokalen Gewohnheiten anzupassen.

Es soll Reisende geben, die verbringen Wochen und Monate in anderen Ländern, ohne das überhaupt so richtig zu bemerken. Der einzige Unterschied, weswegen sie mal nach Asien, in die Türkei oder nach Ägypten fliegen, ist vermutlich das bessere Wetter. Ansonsten sprechen von den Angestellten in der Anlage bis zu den Gästen alle Deutsch. Und damit auch der Magen-Darm-Trakt nicht mit dem Schock des Neuen konfrontiert werden muss, gibt es Würstchen, Bier und Pommes, aus Deutschland importiert. Ich weiß, ich bin gerade etwas böse – aber diese Form des »Ortswechsels« fällt für mich nicht in die Kategorie »Reisen«. Die Geschichte von Herrn K., so er wissentlich eine buddhistische Zeremonie in Myanmar unterbrochen haben sollte (um schlafen zu können), macht deutlich: Wer reist, wird mit anderen Lebenswelten konfrontiert. Das kann auch nerven, ändert aber nichts an der Tatsache. Wer mit Kindern unterwegs ist, hat es da vermutlich etwas leichter, weil sie über eine Flexibilität verfügen, die ansteckend sein kann.

»Beeilt euch. Der Gottesdienst beginnt in zehn Minuten!«

Ich helfe unseren Kindern dabei, ihre Daunenkleidung über die Wollunterwäsche zu ziehen und in die gefütterten Stiefel zu steigen. Zwiebelsystem – nicht gerade schick, aber unumgänglich, bei Temperaturen um zehn Grad unter dem Gefrierpunkt.

Auf eisigen Pfaden rutschen wir Richtung Gemeindehaus, das im selben Gebäude untergebracht ist wie die kleine Schule. Das Sonnenlicht wird so stark von der schneebedeckten Landschaft reflektiert, dass wir Mühe haben, die

Augen offen zu halten. Jetzt noch die Sonnenbrillen raussuchen? Ich entscheide mich für einen »Blindflug« zum Ostergottesdienst. Als wir an der Kirche ankommen, wartet eine Überraschung auf uns.

»Ich kann die Tür nicht aufmachen«, stellt Mio fest.

Im ersten Moment gehe ich davon aus, dass sie zugefroren ist. Mit Kraft drücke ich die Klinke nach unten und lehne mich mit meinem ganzen Gewicht gegen das Holz. Nichts.

»Da ist niemand.« Paula drückt ihr Gesicht an die Fensterscheiben. »Der Raum ist leer.«

Jetzt beginne ich ernsthaft zu zweifeln.

»Welcher Tag ist heute? Kann es sein, dass wir uns im Datum geirrt haben? Vielleicht ist heute gar nicht Ostersonntag?«

Hannah verdreht die Augen.

»Doch, heute ist Sonntag. Und Ostern dazu«, bestätigt Jens.

»Und hier hängt übrigens ein Zettel an der Tür.« Paula zeigt auf ein kariertes Blatt, ausgerissen aus einem Heft, mit einer gekritzelten Notiz versehen. Auf Ostgrönländisch. Ich verstehe kein Wort. Zehn Minuten warten wir wie bestellt und nicht abgeholt vor der Kirche. Kein Mensch außer uns kommt dazu. Irgendetwas stimmt hier nicht. Jens macht ein Foto der Notiz, und wir laufen zum Lehrer der Siedlung, einem Franzosen, und seiner japanischen Frau.

»Joyeuses Pâques!«, krame ich einen der wenigen aus der Schulzeit in Erinnerung gebliebenen Französisch-Brocken hervor.

»Wir wollten gerade den Gottesdienst besuchen. Aber irgendwie ist da niemand gekommen außer uns. Dafür hing ein Zettel an der Tür.« Wir zeigen ihm das Foto der Notiz.

Der Franzose lacht wissend. »Verschoben. Das Wetter ist so gut. Die Ersatzpfarrerin, die für den erkrankten Pfarrer einspringen sollte, hat beschlossen, jagen zu gehen. Der Gottesdienst wird am Nachmittag nachgeholt.«

Ich muss unwillkürlich an den guten alten Knigge denken: »Zum Reisen gehört Geduld, Mut, guter Humor, Vergessenheit aller häuslichen Sorgen, und dass man sich durch widrige Zufälle, Schwierigkeiten, böses Wetter, schlechte Kost und dergleichen nicht niederschlagen lässt.« Wo er recht hat, hat er recht. Sich aufzuregen, wenn Pläne durch gutes Wetter vermasselt werden, wäre schlicht und ergreifend widersinnig, ja sogar dumm. Ganz einfach weil sich an der Situation dadurch nichts ändern ließe und unsere als Eltern von vier Kindern ohnehin begrenzte Energie damit lediglich sinnlos verschwendet würde. Deshalb haben wir schon bei unseren ersten Reisen mit Kindern (schmerzlich) gelernt, was das wichtigste Werkzeug in unserem Rucksack ist: Improvisationswille und -bereitschaft. Spontane Planänderungen, die uns Eltern zur Verzweiflung bringen können, meistern unsere Kinder meist sowieso völlig gelassen.

»Dann gehen wir Eislochangeln!«, beschließt Mio begeistert, packt Angelschnur und Haken, getrocknete Aprikose als Köder (*trial-and-error*-Ergebnis) und findet schon am ersten Ausläufer des Fjords einen Mann, der ihm das Handwerk erklärt.

Wieder Grönland. Schon beim Eintreten in unser kleines Häuschen, das uns der Jäger Tobias Ignatiussen für die Wochen unseres Aufenthalts zur Verfügung gestellt hat, wird ganz schnell klar, dass hier alles etwas anders läuft als zu Hause.

»Was riecht hier so komisch?«, fragt Hannah.

Es dauert einen Moment, bis ich den Geruch zuordnen kann. Eine Mischung aus Fisch und Wild.

»Kann ich das Fell rausholen?« Mittlerweile hat auch Hannah die Quelle des Geruchs verortet – eine schwarze Plastikwanne, in der die Robbenfelle der letzten erfolgreichen Jagd lagern.

Mir dreht sich der Magen um, aber ich will vor unseren Kindern nicht als Jammerlappen dastehen.

»Lass sie einfach in der Bütte. Tobias wird sie bald abholen.« Das ist eher meine Hoffnung als gesichertes Wissen.

Fünfzehn Quadratmeter Fläche stehen uns für die nächsten Wochen zur Verfügung. Gleich neben dem Eingang ist eine Trennwand gebaut, mit einem Vorhang anstelle einer Tür. Zwischen allerlei Gerümpel wie gefalteten Kartons, leeren Flaschen und Tüten mit Kleidung steht unser ganz privates Klo: ein zerbeulter Blecheimer. Ich weiß nicht, ob extra für uns die Luxusvariante einer Klobrille angebracht wurde, jedenfalls bestaunen wir den Einfallsreichtum unserer Gastgeber: Damenbinden auf der Klobrille zum Schutz vor der Kälte.

Auf der einen Stirnseite des Häuschens befindet sich die Küche. Den meisten Platz darin nehmen die Kanister ein, die zur Wasserversorgung genutzt werden. Wasser gibt es hier nicht einfach aus dem Wasserhahn, sondern es muss vom beheizten Wassertank in der Dorfmitte geholt werden. Jens erprobt den Gang (und lernt Odin und Rasmus kennen, Sie erinnern sich), danach wird es zur täglichen Aufgabe unserer Kinder.

Ein Sofa am Fenster, mit der (ganz objektiv) schönsten Aussicht der Welt: Blick auf den Fjord. Direkt vor unserer Nase ziehen Eisberge vorbei, im Hintergrund zeichnet sich eine Andeutung des gigantischen Eispanzers ab, der den größten Teil der Insel bedeckt. Daneben ein Regal, von oben bis unten gefüllt mit DVDs: American Blockbuster Action in Grönland. In einer Nische steht das Doppelbett. Nur wenn wir am Abend den Couchtisch in den Eingang schieben, schaffen wir es gerade so, unsere Isomatten nebeneinander auszurollen.

Ohne fließendes Wasser gibt es hier, so weit logisch, auch keine Duschen in den Häusern. Wer der Körperpflege huldigen will, muss mit Handtüchern und Shampoo zum *servicehus*, öffentlichen Räumen mit Dusche, Waschmaschine und Trockner, in der Mitte der Siedlung laufen. Eigentlich sollten Duschen und Waschmaschinen hier mehrfach wöchentlich für einige Stunden gegen Gebühr nutzbar sein. Aber mal wieder läuft eben alles anders. Bei meinem ersten Versuch, unter eine Dusche zu kommen, finden gerade Wahlen im *servicehus* statt. Bei der nächsten Gelegenheit verpasse ich die Öffnungszeit ganz knapp. Ja, und dann ist Ostern. Und wenn schon die Kirchtüren verschlossen bleiben, weil die Alternative zu verlockend ist, dann erst recht die Duschen. Drei Mal ziehe ich mit Sack und Pack zum *servicehus*, jedes Mal umsonst.

Ich könnte mich jetzt mordsmäßig aufregen – stattdessen beschließe ich, mich zu freuen, dass ich bei diesen eisigen Temperaturen einfach auf Katzenwäsche zurückgreifen darf. Eines Abends wird es mir dann doch zu bunt. Seit Tagen wage ich nicht einmal mehr in der Gegenwart meiner Familie, meine Mütze abzuziehen.

»Kinder, ich brauche Wasser«, erkläre ich.

Alle vier ziehen sich an (wo bleibt der gewohnte Widerstand?), schnappen sich Kanister und ziehen sie an Plastikseilen hinter sich her durch den Schnee. Ich beobachte sie vom »Küchenfenster« aus, wie sie in schöner Eintracht durch die Siedlung ziehen. Vorbei am verlassenen rosa Haus, in dem es spukt, am »Fleischfelsen« entlang (auf den unsere Kinder tiefgefrorene Schweineherzen für die darbenden Hunde gelegt haben) Richtung »Pilersuisoq«. Kurz darauf kommen sie mit ordentlich Wasser zurück. Ich nehme unsere Geschirrspülschüssel, fülle sie hälftig mit kaltem und kochendem Wasser und tauche kopfüber ab. Frieda kichert, als ich vor lauter Wohlgefühl schnaube. Ich dehne das Haarwasch-Prozedere so lange wie möglich aus, bis mein Nacken steif wird. Wie neugeboren fühle ich mich nach dieser bescheidenen Haarwäsche. Aber es dauert nicht lange, und mein nasser Kopf wird (gefühlt) zu einem Eisklotz. Einen Föhn haben wir nicht…

»Dann wirst du aber krank!«, versichert mir Hannah. Ich höre mich selbst predigen.

»Und du kannst nicht mit rauskommen und die Nordlichter anschauen«, setzt Mio noch eins drauf.

»Wetten, dass ich meine Haare trocken bekomme, bis das Nordlicht da ist?« Die Kinder starren mich entgeistert an, als ich den Backofen einschalte und den Kopf hineinschiebe. Eigentlich mehr zum Spaß, aber die Wärme ist so angenehm, dass ich diese Form des Haaretrocknens zu schätzen lerne.

»Ich lasse einfach immer meine Mütze an, dann werden meine Haare gar nicht schmutzig!«, beteuert Hannah. »Duschen kann ich ja, wenn wir wieder in Deutschland sind.« Not macht erfinderisch!

Episoden wie diese lassen Kinder nicht nur erleben, dass es immer alternative Wege gibt. Sie vermitteln ihnen ganz nebenbei auch, dass überall auf der Welt Menschen ganz unterschiedliche Mechanismen entwickelt haben, mit denen sie sich an die natürlichen Gegebenheiten anpassen und ihre Lebenswelten aktiv gestalten. Dass die Pfarrerin an Ostern beschließt, jagen zu gehen, klingt zunächst irrwitzig, macht aber aus der Perspektive dieser ostgrönländischen Inuit-Frau absolut Sinn. Wenn die Wetter- und Meereisbedingungen die Jagd (in einem ohnehin begrenzten und durch den Klimawandel immer kleiner werdenden Zeitfenster) ermöglichen, dann wird gejagt. Jagd ist Grundlage des Überlebens, auch heute noch. Wer sich an einem solchen Tag also dafür entscheidet, lieber auf die Jagd zu verzichten und stattdessen einen Ostergottesdienst abzuhalten (oder auch zu besuchen – das halbe Dorf war dem Beispiel der Pfarrerin gefolgt), *der* handelt widersinnig.

Paula, Mio, Hannah und Frieda rennen zum Fjord, als das erste Boot mit Beute zurückkehrt. Die Jäger und ihre Frauen beim Einholen und Zerlegen der Robben zu beobachten wird hier für sie zu einer ganz alltäglichen Beschäftigung – und das, obwohl besonders Paula absolut strikte Veganerin ist. Verhalten, das sie zu Hause weder akzeptieren noch beobachten würden, nehmen sie an diesem Ort selbstverständlich an. Hier akzeptieren sie andere Strukturen, weil sie die Zusammenhänge mit eigenen Augen erkennen. Selbst einen zerbeulten Blecheimer als Toilette tolerieren sie unkommentiert. Nun ja, nicht ganz. Mio brütet manchmal eine halbe Stunde in der Rumpelkammer. »Auf so einem gemütlichen Klo habe ich noch nie gesessen!«, hören wir dann seine Kommentare hinter dem Vorhang. Ich bin nicht sicher, ob er sich bereits den »guten Humor« zugelegt hat, den Knigge für Reisen empfohlen hat, oder ob unser Sohn es ernst meint. Ist eigentlich auch unwichtig. Das Ergebnis ist dasselbe. Es ist nicht nur so, dass Kinder sich von spontanen Entwicklungen weniger beeindrucken lassen als ihre Eltern, sie wachsen sogar an jeder gemeisterten »Hürde«.

Erneut Ostern, diesmal in Südafrika. Bei unerträglichen 39 Grad Celsius und stechender Sonne bauen wir unsere Zelte in der Kalahari auf. Mio hat wie immer sofort seinen Ball griffbereit und dribbelt durch den heißen Staub. Ein kräftiger Schuss, der Ball landet im Gebüsch. Schneller als ich schalte, krabbelt Mio unter das Gestrüpp und zieht den Ball hervor.

»Da ist vorhin eine Puffotter reingekrochen«, warnt uns ein Mann im Vorbeigehen. Verdammt! Die Predigt an die Kinder fällt entsprechend drastisch aus. Verhaltensregeln für die Kalahari, in bildreicher Sprache. Zugegeben, sie war vermutlich etwas zu drastisch. Das wird mir klar, als ich den Kindern gestehen muss: Der Osterhase schafft es nicht bis in die Kalahari.

Die Tage zuvor hatte ich in kleinen Dörfern und Städten Ausschau gehalten nach Süßigkeiten. Wenn es sogar in Grönland Osterhasen im Supermarkt gibt, warum nicht auch hier? Fehlanzeige. Es gibt einfach nichts, was der Osterhase ins Nest hätte legen können (abgesehen von ein bisschen Plastik-Billigware aus China, die keinem Osterhasen zugemutet werden kann). In der Trockenheit der südafrikanischen Dornstrauchsavanne entdeckte ich auch nichts, womit sich ein ansehnliches Osternest bauen ließe.

»Ich weiß, ihr habt euch wirklich auf Ostern gefreut. Aber die Kalahari ist so weit entfernt von den Dörfern hier, dass der Osterhase nicht kommen wird!« Ich erwarte Gezeter, Enttäuschung, Tränen. Ich bekomme: Verständnis!

»Das ist auch besser so!«, findet Mio.

»Wirklich?« Ich bin so erleichtert.

»Der Osterhase soll lieber nicht kommen. Sonst wird er noch von der Puffotter vergiftet. Aber wir könnten ihm einen Brief schreiben und fragen, ob er was in unseren Garten legen kann. Dann finden wir das, wenn wir nach Hause kommen.« Osterhasen in der Kalahari, auf so eine blöde Idee komme anscheinend tatsächlich nur ich.

Eine skurrile Umsetzung christlich geprägter Feste erlebten wir übrigens auch in Australien. Perth, 24. Dezember, Weihnachten. Zumindest nach unseren Gewohnheiten. In Australien beginnt Weihnachten erst mit dem 25. Dezember. Im Haus unserer Freunde Evelyn und Cam, einem österreichisch-australischen Paar mit zwei Kindern, beginnt Weihnachten nach österreichischer (und damit auch deutscher) Zeitrechnung, verläuft dann aber ganz und gar australisch. Das fängt schon damit an, dass die Kinder gerade Ferien haben. Sommerferien – wir sind schließlich am anderen Ende der Welt. Entsprechend üppig tropft der Schweiß. Schon der Weg vom klimatisierten Auto zum einigermaßen kühlen Haus reicht, um mich jeder Weihnachtsillusion zu berauben. Im Garten jagen sich die Kinder splitterfasernackt mit Wasserbomben. Ev hat Kartoffeln auf dem Herd stehen, ich rasple Karotten und Rote Bete. Beilagen für unser Weihnachtsmenü. Die Wahl fällt nicht überraschend aus: *Aussie Barbie*, also australisches Grillen, mit eiskaltem Bier (das hat auch schon Santa Claus vor die Tür gestellt bekommen).

»Get ready!«, ruft Ev den Kindern durch das Küchenfenster zu. »Wir fahren bald zum Strand.«

Auch das noch. Habe ich an irgendeiner Stelle dieses Buchs schon einmal erwähnt, dass ich Hitze verabscheue? Alles über dreißig Grad zählt für mich zu absolut lebensfeindlichen Temperaturen. Absurd, wenn man bedenkt, dass ich (freiwillig) zwei Jahre *down under* gelebt habe. Ich liebe diesen Kontinent, seine Bewohner und deren Macken und Spleens. Von keinem anderen Land träume ich so oft, dass ich von schmerzhaftem »Heimweh« geplagt mitten in der Nacht hochschrecke und mich frage, warum wir eigentlich wieder in Deutschland gelandet sind. Australien hat für mich nur einen entscheidenden Nachteil gegenüber Deutschland – die Hitze.

Irgendwie fühle ich mich den Kindern gegenüber mies. So als hätte ich sie um etwas Großartiges betrogen. Zu Weihnachten gehören Kälte, Schnee, ein Tannenbaum, die Familie und Kerzenlicht in der Dunkelheit. Ich merke selbst, wie ich in die Falle tappe. Letztes Weihnachten in Deutschland: zwölf Grad und Regen, keine Schneeflocke weit und breit. Zoff im Kreis der Großfamilie, weil an Heiligabend irgendwie alle Nerven blank liegen. Dunkel war's, einen Baum hatten wir auch, Kerzen flackerten. Damit endet aber auch schon der Realitätsabgleich.

Während ich mich noch mit aller Kraft freistrampeln muss von meinen Prägungen, rasen Paula und ihre Freundin Lily über den heißen Sand und landen mit Bauchplatschern auf den sanften Wellen des Indischen Ozeans. Ein Santa-Verschnitt in Badehose reckt seinen Bierbauch dem unverschämt blauen Himmel entgegen. Er hat ja noch nichts zu tun, geht es mir durch den Kopf. Nein, nicht trotzig. Andere Länder, andere Sitten, andere Santas. Ich nehme mir ein Beispiel an Paula. Weg mit den Klamotten, rein ins Vergnügen. Irgendwie hat australische Sommerhitze doch auch ihr Gutes. Zum Beispiel muss ich nicht einen Gedanken an passende Kleidung für den Weihnachtsabend verschwenden, ganz einfach weil wir so gut wie keine Kleidung tragen werden.

Wer sich länger auf dem roten Kontinent aufhält, wird sich früher oder später mit einer Tatsache auseinandersetzen: Australien ist der Kontinent mit den giftigsten und fiesesten Kreaturen unseres Planeten. Das Inland wimmelt von Schlangen mit potenziell tödlichem Gift, an den Küsten lungern Salzwasserkrokodile, die Gewässer sind verpestet mit angriffslustigen Haien und so grausamen Entwicklungen der Evolution wie der großen Seewespe, einer Qualle, die zu den giftigsten Tieren der Welt gehört.

Komisch allerdings, dass hier so viele Menschen überleben. Das kann nur daran liegen, dass Australiens Kreaturen viel mehr mörderisches Potenzial zugeschrieben wird, als sie in Wahrheit haben, oder dass die guten alten Aussies ziemlich clever gelernt haben, diesen Biestern aus dem Weg zu gehen – oder an beidem zusammen.

Bevor wir damals nach Australien zogen, weil ich dort besagtes Jahresstipendium erhalten hatte, liefen die Omas zu Hause zu Höchstleistung auf. In schillernden Farben schilderten sie uns die Gefahren, die auf uns (nein, es ging eigentlich um ihr bis dahin einziges Enkelkind) angeblich warteten. Schlangen, Spinnen, Krokodile, Quallen. Überall – ich fing fast an, es selbst zu glauben – wartet in Australien der Tod, als Insekt oder Reptil getarnt.

Ich sah genau zwei Möglichkeiten, mit diesem Thema fertigzuwerden. Entweder hysterisch werden und aus Angst vor potenziellen Gefahren das Haus nicht mehr verlassen, oder einen kühlen Kopf bewahren und herausfinden, wie australische Familien so »überleben«. Variante zwei hat entscheidende Vorteile. Zum einen sucht man mit Nachdruck australische Freunde mit gleichaltrigen Kindern, zum anderen verhindert man, dass sich bei den eigenen Kindern Verhaltensweisen einschleichen, die noch viel schlimmer sein können als jede Giftschlange, nämlich panische Angst vor der bloßen Vorstellung potenzieller Gefahren. Hysterische Eltern bringen nun mal hysterische Kinder hervor.

Also, die menschliche Spezies hat auch in Australien alle anderen Spezies zahlenmäßig weit überholt. Was machen diese Aussies bloß, damit ihnen all das Giftgetier vom Hals bleibt? Ganz einfach: Sie schalten ihren gesunden Menschenverstand ein. Jedes Kleinkind lernt dazu die wichtigsten Regeln. Kein Holz einsammeln (auch nicht im Garten), ohne vorher fest dagegen zu treten. Unterseiten von Tischen, Stühlen, Gartenbänken, Sandkästen nach längerer Benutzungspause kontrollieren. *Out bush* festes Schuhwerk tragen. Und: Australiens wahre Gefahren erkennen.

2017 starben in Australien 1225 Menschen bei Verkehrsunfällen. Seit 1979 ist dagegen nur ein Mensch in Australien an einem Biss giftiger Spinnen gestorben. Seit 1883 starb gerade mal ein weiterer Mensch pro Jahr durch den Kontakt mit giftigen Quallen. Insgesamt starben in den vergangenen Jahren in Australien dagegen mehr Menschen bei Reitunfällen als durch alle giftigen Tiere des Kontinentes zusammen. Schon als Zweijährige wusste unsere Tochter, dass sie ihre Finger nicht in Felsspalten bohren oder einfach ins Gebüsch kriechen kann.

Ich gebe zu: Auch eine Portion Glück gehört dazu, wenn man ganz und gar vor ungewollt intensiven Kontakten mit Spinnen, Schlangen und Co. verschont werden will. Maya verfügt ganz sicher über das Glück der Tüchtigen. Oder der Mutigen. Denmark, Südwestaustralien. Unsere Freunde Gab, Nathan, Melly und Maya leben in einem traditionellen Fischercamp an einem der schönsten Abschnitte der Westküste. Maya, ein Jahr jünger als Paula, ist für mich die australische Version des Dschungelkinds.

»Heute zeige ich euch meinen Lieblingsplatz an der Küste. Mein Sofa auf den Felsen.«

»Laufen wir am Strand entlang oder durch Gestrüpp?«, will ich wissen.

»Beides. Wieso?«

»Dann brauchen wir feste Schuhe!«, vermute ich.

»Ich gehe barfuß!«, erklärt Maya.

»Barfuß? Und was ist mit Schlangen?«

»Kein Problem. Wirklich nicht. Ich bin hier immer barfuß.«

Wir schlappen in Flip-Flops hinter Maya her. Buchten wie aus kitschigsten Postkartenidyllen, umsäumt von glatt gewaschenen Felsen, wechseln sich ab mit typisch australischem Buschland. Im Gestrüpp ist kein Pfad zu erkennen. Für mich zeigt sich auch kein Orientierungspunkt.

»Sind wir noch auf dem richtigen Weg?«, frage ich einige Male vorsichtig nach. Maya antwortet, indem sie weiter vor uns her durch Buschland und über Felsen flitzt.

»Wir sind gleich da!«, triumphiert sie nach einer Stunde strammem Fußmarsch. Maya springt auf einen Felsen mit glatter, warmer Oberfläche, von dem aus wir einen fantastischen Weitblick haben.

»Warum ist da so eine riesige Öse in deinem Felssofa verankert?«, frage ich sie.

»Ach so, das ist wegen der *king waves*. Wenn man hier sitzt, soll man eigentlich mit einer Kette an den Fels gegurtet sein. Sonst können die dich holen.«

Unvorhersehbare Riesenwellen. Mein absoluter Horror. Ich habe es jetzt ziemlich eilig, wieder zurück zum Fischercamp zu laufen. Aber ohne Maya finden wir den Weg nicht, und die will Paula erst noch ein bisschen zeigen, wie schön es hier an ihrem Lieblingsplatz ist.

Jahre später erzählen wir unserer Freundin Kim, die nicht weit entfernt von Mayas Fischercamp lebt, von diesem Ausflug. Kim lacht schallend.

»Nirgendwo leben mehr Tigerottern als in dieser Ecke!«, versichert sie mir.

Am Abend, während Kim kocht, google ich. Tigerottern. Ein großer Anteil der tödlichen Unfälle zwischen Schlangen und Menschen geht auf ihr Konto.

»Kannst du mir bitte ein paar Paprika aus dem Garten bringen?«, holt mich Kim zurück ins Hier und Jetzt. »Musst nur ein bisschen die Augen offen halten. In dem Teil des Gartens lebt auch eine Tigerotter. Aber kein Problem. Sieh halt zu, dass du sie nicht verärgerst.«

Von diesen Aussies sollten wir uns wirklich eine ganz dicke Scheibe abschneiden.

Ab und an können Jens und ich gar nicht Schritt halten mit dem Tempo, in dem sich unsere Kinder an lokale Gegebenheiten und Bräuche anpassen. Während wir überlegen, hinterfragen, vergleichen und filtern, imitieren sie ganz unbefangen, was sie sehen. Das ist gar nicht verwunderlich, denn bis zu einem gewissen Alter lernen Kinder hauptsächlich durch Nachahmung.

Bangkok, Thailand. Eigentlich hatten wir geplant, die stickige Großstadt ganz schnell hinter uns zu lassen. Mir schweben weiße Strände mit Schatten spendenden Palmen vor. Glasklares Meerwasser, lesen, abschalten. Paula dagegen ist, wider Erwarten, von Bangkok völlig in den Bann gezogen. Mehr als vierhundert Tempel existieren in der Stadt. Unsere Tochter hätte uns vermutlich in alle gelotst, hätte ich nicht auf die Weiterreise gepocht.

Im Wat Phra Kaeo, mitten in der Anlage des Königspalastes, beginnt sich ihre Leidenschaft für Thailands Tempelanlagen zu formen. Typisch Fünfjährige, beobachtet sie erst einen Moment, was thailändische Besucher in dieser Umgebung tun. Blitzschnell entledigt sie sich ihrer Sandalen. Aus ihrem Kinderrucksack holt sie einen Sarong und ein langärmliges T-Shirt und zieht beides über. Eine ganz normale, für alle Besucher gültige Regel, nur dass wir sie bis dahin gar nicht ausgesprochen hatten.

Adäquat gekleidet folgt sie den Besuchern vorbei an Gebetsmühlen zu der Buddha-Statue aus dem 15. Jahrhundert. Ebenso wie alle anderen legt sie die Handflächen aufeinander und kniet sich vor die Statue. Wir beobachten unsere Tochter mit einer Mischung aus Staunen und Magengrummeln. Magengrummeln, weil wir uns fragen, ob sie einfach nur eine Handlung kopiert, ohne zu wissen, was da eigentlich abläuft. Staunen darüber, dass Kinder so selbstverständlich und ohne nagende kritische Fragen im Hinterkopf Verhaltensweisen imitieren, die zu Hause für sie irrelevant sind, vor Ort aber wichtiger Bestandteil des lokalen Alltagslebens sind. Diese Offenheit ist Segen und Fluch zugleich. Sie ermöglicht Kindern einen vorurteilsfreieren Blick auf das Leben der Menschen, denen sie auf Reisen begegnen. Gleichzeitig macht es sie auch leichter manipulierbar.

Dass Kinder durch *business as unusual* aber durchaus innerlich wachsen, Haltung entwickeln und zu reflektierten Persönlichkeiten werden können, zeigte uns Paula in Ostgrönland.

»Die erste Robbe, die Tobias Ignatiussen geschossen hat, war ein totaler Schock für mich!«, gesteht sie sich und uns, als sie mit Jens und Tobias nach einem langen Tag im Fjord zurückkommt.

»Hast du dich nicht geekelt? Vor dem ganzen Blut und der toten Robbe?«, will Mio wissen.

»Ich hatte eher Mitleid mit der Robbe. Aber irgendwie auch mit Tobias und den Menschen im Ort und mit den Hunden. Was sollen die essen, wenn Tobias danebenschießt?«

»Weißt du, was mich den ganzen Tag beschäftigt hat?«, fragt Paula.

»Ich habe mir vorgestellt, was meine Freundinnen sagen werden, wenn ich zu Hause erzähle, dass ausgerechnet ich als Veganerin mit einem Jäger unterwegs war.«

»Und zu welchem Ergebnis bist du gekommen?«

»Ich werde ihnen sagen, dass die Robbe sicher besser gelebt hat und schneller gestorben ist als die Kuh, die sie auf ihrem Salamibrot liegen haben!«

Was könnte ich dieser Erkenntnis noch hinzufügen?

Dog-Gate und andere Turbulenzen

Ich sollte öfter meinem Bauchgefühl folgen.

Selbst wenn unsere Kinder dann vielleicht auf die Barrikaden gehen.

»Wenn Rula nicht mitfährt, bleibe ich auch zu Hause!« Friedas Hündin, vor sechs Monaten aus Rumänien zu uns gekommen, verzieht sich unter das Sofa. So wie sie es seit ihrer Ankunft in Deutschland oft macht.

»Auf keinen Fall!«, protestiere ich bei der Vorstellung, mich in Lappland zusätzlich zu vier Kindern noch um ein mehr oder weniger verhaltensgestörtes Tier kümmern zu müssen.

Was soll ich sagen: Frieda hat Ausdauer. Und ich bin eine Mutter.

Als Jens den Zündschlüssel unseres Feuerwehroldtimers umdreht, kauert Rula zitternd zu meinen Füßen. Jetzt gibt es kein Zurück mehr.

»Vielleicht tut ihr das ja auch richtig gut. Jetzt muss sie sich einfach an uns gewöhnen«, versucht Jens Optimismus zu verbreiten.

Jens behält tatsächlich recht. Nach dem ersten Schock wird Rula zu meinem zweiten Schatten und genießt das Reiseleben in vollen Zügen. Planschen in den Wellen Dänemarks, Fahrradtouren durch Südschweden, Wanderungen mit einer Bärenforscherin durch die Wälder Mittelschwedens, Lagerfeuerabende, Rentierbegegnungen, Wildcampen fernab von allem. Wenn ich schwimmen gehe, zieht Rula neben mir ihre Kreise. Im Lavvu, dem traditionellen Zelt der Sami bei unseren Freunden in den Bergen Nordschwedens, liegt Rula am Eingang und bewacht ihre Familie. Carl-Johan, der uns in das Sommerlager seiner Sami-Gemeinschaft eingeladen hatte, will Rula eigentlich gar nicht mit in die Berge nehmen. Alle Hunde außer denen der Sami haben zu der Region eigentlich keinen Zutritt. »Allerdings sieht sie sowieso exakt so aus wie ein samischer Rentier-Hütehund. Lasst sie also an der Leine, dann kann sie mitkommen.«

Diesmal öffnet Rula Türen und Herzen. Carl-Johans Mutter ist der Meinung, sie habe in Rula die perfekte Nachfolgerin für ihre verstorbene Hündin gefunden. Bis zur letzten Sekunde versucht sie uns Rula abzuringen. Keine Chance – der Hund hat sich als Reisehund mehr als bewährt. Alles läuft also super, bis ich päpstlicher werde als der Papst. Für die Einreise in skandinavische Länder müssen Hundehalter an der Grenze, so die Theorie, eine Fuchsbandwurmimpfung nachweisen, die nicht länger als fünf Tage her sein darf. Das gilt für den Eintritt in jedes skandinavische Land erneut. Eigentlich, denn wo kein Kläger, da ist auch kein Angeklagter. In Deutschland geimpft, schaffen wir es über die dänische und die schwedische Grenze, ohne auch nur einmal Rulas Pass zeigen zu müssen. Acht Wochen später wollen wir von Schweden aus nach Norwegen weiterreisen.

»Da kontrolliert uns doch keine Sau!«, meint Jens.

»Und wenn doch? Dann müssen wir kilometerweit fahren, damit Rula die blöde Impfung kriegen kann.« Mein Plan: Wir gehen auf Nummer sicher. In *Lapplands Djurklinik* in Gällivare vereinbare ich einen Termin und nehme vorsichtshalber einen Maulkorb mit. Unsere Kinder lassen es sich nicht nehmen, Rula zur Impfung zu begleiten, und so laufen wir als Großfamilie bei der Sprechstundenhilfe ein. Dass die Dame mit dem falschen Bein aufgestanden ist, erahne ich schon, als sie Rulas Pass entgegennimmt. Anweisungen wie Gewehrsalven folgen. Als sie Rulas elektronischen Chip kontrolliert, kommt Leben in die gute Dame.

»Wrong dog!«

»Wie bitte? Falscher Hund?«

Triumphierend hält sie mir das Chiplesegerät und den aufgeschlagenen Hundepass unter die Nase. Stimmt – die letzten beiden Ziffern haben einen Dreher.

»Menschliches Versagen. Kann passieren«, finde ich.

»Ihr Hund ist illegal!«, findet die Sprechstundenhilfe.

»Aha, und was heißt das jetzt genau?«

Die Kinder riechen Lunte. »Was ist denn los?«, fragt Mio.

»Alles in Ordnung. Die Dame hier hat anscheinend Lust, ein bisschen Ärger zu verbreiten, aber das klären wir jetzt.«

Da habe ich die Rechnung ohne den Wirt gemacht. Dass die Schwedin Deutsch spricht, wird mir erst jetzt klar.

»Pass und Chip stimmen nicht überein. Sie können also nicht beweisen, dass Ihr Hund die vorgeschriebene Tollwutimpfung hat.«

»Dann impfen wir eben jetzt erneut!«, triumphiere ich.

»Bringt nichts. Die Impfung ist erst nach Wochen gültig.«
Ich suche fieberhaft nach einer Lösung, um endlich hier rauszukommen. »Dann bestimmen Sie eben den Titer!«

»Dazu muss das Blut in ein Speziallabor geschickt werden. Das dauert Wochen.«

So langsam habe ich das Gefühl, dass hier gar keine Lösungen gewollt sind.

»Dann lasse ich jetzt die korrekten Dokumente vom rumänischen Amtstierarzt faxen.« Mein letzter Versuch, abgeschmettert: »Wir akzeptieren nur Originaldokumente!«

Jetzt werde ich richtig wütend.

»Wissen Sie was? Ich gehe jetzt erst mal mit meinen Kindern und unserem Hund an die Luft und überlege ganz in Ruhe, wie wir das lösen können.«

»Ihre Kinder können das Haus gern verlassen. Sie und ihr Hund nicht!«, säuselt die blöde Kuh.

»Wie bitte? Was schlagen Sie denn jetzt vor?«, presse ich hervor.

»Wir müssen Ihren Hund einschläfern!«, erklärt sie eiskalt.

Mir schießen Tränen in die Augen, die auch den Kindern nicht entgehen.

»Sind Sie verrückt? Ich lasse doch meinen Hund nicht einschläfern!« Es ist vorbei mit jeglicher Beherrschung meinerseits. Die Kinder drängen sich heulend um Rula.

»Was ist denn hier los?«, unterbricht der Tierarzt die Szene. Unter Schluchzen berichte ich von dem Zahlendreher.

»Mein Gott. Das ist doch kein Problem. Ihr Hund bekommt die Impfung, ich unterschreibe, und zu Hause lassen Sie den Zahlendreher korrigieren.«

Endlich ein normal denkender Mensch. Ich atme auf.

»Das würde ich nicht machen«, fährt die Sprechstundenhilfe dazwischen. »Außerdem habe ich schon das Landwirtschaftsministerium informiert. Die wollen Sie sprechen!« Der Tierarzt zuckt mitleidig mit den Schultern und verzieht sich wieder, während ich den Hörer überreicht bekomme. Die Ministeriumsmitarbeiterin bestätigt mir: Rula muss eingeschläfert werden. Ich verlange mit der Ministeriumsärztin zu sprechen, aber die verweigert das Gespräch.

»Mama!«, schluchzt Frieda. »Was ist mit Rula?«

Mit heulenden Kindern und unserer tapferen Hündin im Hintergrund werde ich zur Furie. Ich schwöre, einen Rachefeldzug ohnegleichen zu starten, sollte das Ministerium bei dieser Haltung bleiben, ohne mir Alternativen anzubieten. Fünf Minuten später kommt der Rückruf.

»Verlassen Sie noch heute mit Ihrem Hund das Land. Betreten Sie auf dem Weg kein Drittland sondern reisen Sie auf direktem Weg von Schweden nach Deutschland aus.«

»Spielen wir hier Monopoly?«, rutscht es mir heraus.

»Wir wollen Kopien Ihrer Dokumente und genaue Angaben, wann und mit welchem Verkehrsmittel Sie Schweden verlassen. Sobald Sie deutschen Boden betreten, muss ein Tierarzt mit Unterschrift und Stempel bestätigen, dass Ihr Hund wieder in Deutschland ist.«

Bin ich jetzt in die Kategorie Schwerverbrecher gerutscht?

»Ich bin mit vier Kindern hier. Bis zu uns nach Hause muss ich dreitausend Kilometer zurücklegen. Wie stellen Sie sich das bitteschön vor?«

Gar nicht, aber das muss sie auch nicht. Die Frau weiß, dass sie am längeren Hebel sitzt und mich mit dieser Macht auf eine Reise schickt, die mir nie wieder aus dem Kopf gehen wird.

»Ich fahre mal kurz nach Hause und bringe Rula zurück. Dann komme ich in vier Tagen wieder zu euch in die Arktis.« Ich versuche, den Kindern diese wahnwitzige Unterbrechung unserer Reise als völlig normale Situation zu verkaufen. Es klappt, fast.

»Ich will aber nicht, dass Rula nach Hause fährt!«, jammert Frieda.

»Ja, ich weiß, aber in Norwegen wird es für Rula zu… kalt!«, flunkere ich.

»Okay, dann bring sie nach Hause«, stimmt jetzt auch Frieda zu. Während ich hektisch meine Reisetasche packe, toben die Kinder schon wieder ausgelassen auf dem Spielplatz.

Wenige Stunden später sitzen Paula, Rula und ich im Zug. Sechzig Reisestunden liegen vor uns. Am Ende, so viel sei noch erwähnt, danke ich insgeheim der Sprechstundenhilfe, dem schwedischen Agrarministerium und meinem Schicksal. Wer wie ich süchtig ist nach Erlebnissen und Geschichten von Menschen, mit dem die Seiten eines ganzen Buchs gefüllt werden können, wird auf so einer Reise voll und ganz auf seine Kosten gekommen.

Diese Lappland-Etappe hatte es wirklich in sich. Kaum war ich, ohne Rula und Paula (die als Hundesitter zu Hause blieb), wieder nördlich des Polarkreises angekommen, erwartete mich die nächste Hiobsbotschaft. Unser Feuerwehroldtimer hatte eine Panne. Während Paula und ich gen Süden unterwegs waren, verbrachten Jens und die »Kleinen« drei Tage in der Werkstatt, um die defekte Lichtmaschine unseres Reisemobils in alle Einzelteile zu zerlegen. Bei genauerem Nachfragen stellt sich heraus, dass Jens drei Tage lang kopfüber und kopfunter im Motorraum des LKWs hing. Mio, Hannah und Frieda hatten »Zeit zur freien Entfaltung«.

»Ihr Armen!«, entfährt es mir, als wir mit Pfannkuchen unsere Familienzusammenführung feiern.

»Das war so cool!« Frieda strahlt. »Da war alles voller Schrott und Schrauben und Nägeln und Holz.«

»Und Scherben!«

»Wir haben den ganzen Tag Sachen gebaut und Chips gegessen und Limo getrunken«, fügt Hannah hinzu.

»Und wir mussten keine Zähne putzen!«, petzt Mio. »Müssen wir heute eigentlich wieder Zähne putzen?«

Na super. Da lasse ich meinen Mann mit den Kindern allein in der Arktis zurück, und schon sind alle Regeln außer Kraft gesetzt. Manchmal kostet es mich wirklich Kraft, die Spießerin in mir in Schach zu halten. Denn natürlich ist auch mir in diesem Moment klar: Ungewöhnliche Umstände erfordern eben ungewöhnliche Maßnahmen. Und dass die Kinder ihren Spaß hatten, erkenne ich schon an den dreckverschmierten Klamotten, die sich im Bus stapeln.

Nicht immer gehen Turbulenzen unterwegs so glimpflich aus.

Kutë, Südalbanien. Hinter uns liegen zwei Wochen Reittour auf albanischen Bergpferden, gemeinsam mit unserer Gastfamilie Kristina, Aurel und Sophia. Ich kann im Nachhinein nicht mehr sagen, was mich so lange davon abgehalten hatte, den Balkan zu bereisen. Die vergangenen Wochen zählen definitiv zu den faszinierendsten Reiseerlebnissen, die wir als Familie machen durften. Zeltlager in abgeschiedenen Tälern, Reiten über windumtoste Pässe, Begegnungen mit wilden Pferden, Ziegenhirten und ihren Herdenschutzhunden, Baden in den glasklaren Flüssen des Balkan, Schwimmen mit Pferden, Übernachtungen bei albanischen Familien in Bergdörfern, wo die Kinder lernen, Ziegen zu melken und über der Glut Byrek zu backen.

Nirgendwo erleben wir Gastfreundschaft so uneingeschränkt wie hier. Entsprechend entspannt (und zugegeben auch etwas blauäugig) lassen wir uns ein auf die zweite Etappe unserer Albanien-Tour, bei der wir zum Thema Klimawandel und Wasser recherchieren: einer Packraft-Tour auf dem Fluss Vjosa.

Jens hatte schon im Frühjahr in einem kleinen Dorf am Flussufer gedreht, weil sich hier nationaler und internationaler Protest gegen Wasserkraftprojekte gebündelt hatte. Damit wir nicht ganz mutterseelenallein irgendwo am Flussufer ein wildes Lager aufschlagen müssen, frischt Jens einen Kontakt aus dieser Drehzeit auf. Soni, der mit seiner Familie am Rande des Dorfs lebt, hat nichts dagegen, dass wir bei ihm im Garten zelten. Allerdings ist er gerade einen Tag vor unserer Ankunft zum ersten Mal Vater geworden.

Jens und ich diskutieren, ob wir der frischgebackenen Familie einen sechsköpfigen Zuwachs zumuten wollen. Nein, wollen wir nicht. Lieber direkt am Ufer der Vjosa unser Lager aufschlagen, Sonis Haus in Blickentfernung. Ein herrliches Fleckchen, an dem Schildkröten aus dem Dickicht kriechen und sich die Sonne am Abend glühend hinter den Hügeln verabschiedet, um einem satten Vollmond die Bühne zu überlassen. In aller Frühe treibt uns die Hitze am nächsten Morgen aus unseren Zelten. Umso besser, dann starten wir rechtzeitig die erste Etappe unserer Paddeltour. Bevor wir aufbrechen, erinnert Soni uns noch daran, unseren Bus in seinem Garten zu parken. »Zur Sicherheit!« Als der junge

Albaner uns am Abend am Endziel der ersten Tagesetappe wieder einsammelt, ist er eigenartig schweigsam.

»Was habt ihr mit eurem Anhänger gemacht?«, will er wissen.

»Der steht am Fluss. Ich habe ihn mit einem Krallenschloss gesichert«, erklärt Jens zufrieden.

Soni stöhnt. »Nein, er steht nicht am Strand.«

Jens ist sicher, dass unser Gastgeber den Anhänger einfach nur übersehen hat, ich ahne, dass Ärger auf uns wartet.

Als wir ankommen, ist klar: Der Anhänger ist weg. Mit all unseren Sachen. Kleidung, Schuhen, Campingküche, Handtücher … Wir besitzen noch genau die Kleidung, die wir am Leib tragen: Bikinis und Badehosen, T-Shirts und Shorts, Flip-Flops an den Füßen. Nur die Zelte stehen noch dort, wo wir sie hinterlassen hatten. Die Reifenspur des Hängers führt schnurstracks in den Fluss.

»Scheiße, verdammte Scheiße!«, flucht Soni. Wutentbrannt springt er in voller Montur in den Fluss, um in der Dämmerung auf Spurensuche zu gehen. Kurz darauf kommt er zurück und zieht die triefnasse Geburtsurkunde seiner Tochter, sein Portemonnaie und sein Handy aus der klatschnassen Hosentasche.

»Wir müssen die Polizei anrufen. Schon wegen der Versicherung«, finde ich. Unsere Kinder haben sich mittlerweile in den Bus zurückgezogen auf der Suche nach irgendetwas Essbarem, das uns dort geblieben ist.

»Albanische Polizei?«, jammert Soni. »Wenn ihr meint.«

Es dauert geschlagene zwei Stunden, bis ein Geländewagen am Strand erscheint. Mittlerweile haben wir am anderen Ufer einige Kleidungsstücke und Töpfe eingesammelt, die anscheinend bei der Flussquerung aus dem Hänger gespült wurden. Zwei Polizisten in Uniform und ein Typ in Jeans und T-Shirt bauen sich vor uns auf. Letzterem ist besonders deutlich anzusehen, wie groß die Freude ist. Wegen ein paar dämlicher Touristen, die nicht ordentlich auf ihren Kram aufpassen, wird ihm jetzt ein fetter Strich durch die Freitagabend-Planung gemacht. Ich fühle mich direkt in einen Balkan-Krimi versetzt, mit persifliertem Kommissar, dessen Rolle nicht besser hätte besetzt werden können. Eine gefühlte Ewigkeit schildert Soni den Staatsbediensteten, was passiert ist. Jeder Versuch von Jens und mir, den Herren ein paar handfeste Informationen zuzuspielen, wird von ihnen mit deutlicher Gestik gestoppt. Ich verstehe kein Wort von dem, was vor uns diskutiert wird. An den Tonlagen der Polizisten und des Kommissars erahne ich, dass sich die Lage zuspitzt.

»Jana, ich brauche jetzt eure Hilfe.« Soni schaut mich verängstigt an. »Die sind der Meinung, ich stecke hinter dem Verschwinden eures Hängers, und geben mir vier Stunden Zeit. Wenn dann der Hänger nicht wieder da ist, wollen sie mich ins Gefängnis stecken!«

»Okay, ganz ruhig, die haben etwas missverstanden.« Ich bitte Soni, mit der Schilderung noch einmal zu beginnen.

»Du warst doch derjenige, der sogar darauf gepocht hat, dass wir unseren Bus in deinen Garten stellen. Und wir waren zu blöd, auch den Hänger mitzunehmen«, mischt sich Jens ein.

Jeder Versuch unsererseits, unsere Version der Geschehnisse zu schildern, wird von den Staatsbediensteten unterbunden. Zum ersten Mal in meinem Leben fühle ich mich polizeilicher Willkür ausgesetzt.

»Ich habe Hunger, Mama!«, ruft Frieda aus dem Bus. »Und Angst!«

Jetzt reicht es mir. Hier muss jemand ordentlich vermitteln zwischen den Bullen und uns. Vielleicht hat sich in Sonis Version des Ablaufs beim Hin- und Herübersetzen einfach ein Fehler eingeschlichen, der uns allen jetzt zum Verhängnis wird. In der Eile fällt mir genau eine Person ein, die ich um Hilfe bitten kann: Kristina, unsere Gastgeberin bei der Reittour. Investigative Journalistin bei einem der größten albanischen Fernsehsender, unerschrocken, hilfsbereit, perfektes Englisch.

»Ich rufe jetzt eine Freundin von Top Channel an!« Das war als reine Information für die Polizisten gedacht, kommt bei ihnen aber als Drohung an.

»No media!«, poltert der Kommissar. Aha, doch ein bisschen Englisch in petto.

Mir reicht das Kaspertheater. Ich hole mein Handy raus.

»No telephone!«, poltert er jetzt.

Spinnt der?

»Pack es weg, Jana. Wir sind hier in Albanien. Wer weiß, was der sich sonst einfallen lässt.«

Es ist eine furchtbare Angewohnheit, ich gebe es selbst zu: Sobald ich Willkür wittere, werde ich kopflos trotzig und wütend. »Ich lasse mich doch von diesem Typen nicht verarschen!«, fauche ich Jens an, der ernsthaft besorgt ist. »Der wird mich schon nicht verhaften, weil ich telefoniere.«

»Soni, sag den Männern, sie sollen mir ihre Namen bitte aufschreiben.«

»Wozu?«, will er wissen.

»Wie soll ich mich sonst über ihr Verhalten beschweren können.«

Ich weiß, dass ich viel von unserem Gastgeber verlange.

Die Herren weigern sich.

»Dann ihre Dienstausweise.«

Fehlanzeige.

Zum Glück ist Kristina sofort erreichbar. Ich schildere ihr die Situation.

»Gib mir mal den Kommissar«, fordert sie mich auf. Aber der verweigert vehement das Gespräch. Mit Händen wild fuchtelnd und grimmigem Blick tönt er wieder: »No telephone!«

»Ich darf nicht telefonieren«, bestätige ich Kristina.

Die lacht schallend laut. »So was habe ich noch nie erlebt! Hat er dich auch wirklich richtig verstanden?«

»Auf jeden Fall.«

»Gut, ich melde mich in ein paar Minuten wieder.«

Dass unsere albanische Gastgeberin keine Grenzen kennt, war schon bei unserer Reittour klar geworden. Vielleicht müssen Menschen, die so lange in einem abgeschotteten Regime gelebt haben wie in der kommunistischen Diktatur Albaniens, umso heftiger die Reibung spüren, die ihnen vorher verwehrt war. Wie sonst lässt sich erklären, dass diese Frau sich Hals über Kopf in Situationen stürzt, vor denen alle anderen zurückschrecken? Wer kommt auf die Idee, *den* Drogenboss Albaniens zu interviewen, wenn sein Dorf gerade aus der Luft und am Boden vom albanischen Militär ausgehebelt wird? Vor Ort, versteht sich! Wer setzt sich mit frischem Schulterbruch direkt wieder auf einen Gaul, um mit ihm Berge zu erklimmen, die ich nicht einmal für Bergsteiger erreichbar gehalten hatte?

Kristina!

Unsere Rettung!

Es dauert keine fünf Minuten, und das Geschehen nimmt eine unerwartete Wendung.

Das Telefon klingelt, und diesmal kümmere ich mich gar nicht mehr um den jämmerlichen Versuch des Kommissars, mir die Telekommunikation zu untersagen.

»Richte ihm einen schönen Gruß vom Justizminister aus. Der ist informiert!«

Soni wird blass, als er das übersetzen soll. Trotzdem wiederholt er auf Albanisch diese ungeheure Nachricht. Da kommt Leben in den Kommissar. Er greift nach meinem Telefon und klingt auf einmal wie ein anderer Mensch. Freundlich, gesprächig, kooperativ.

»Sie schicken jetzt dreißig Polizisten aus Tirana, die den Anhänger suchen werden«, übersetzt Soni das Gespräch des Kommissars mit Kristina.

Spinnen die? Dreißig Polizisten aus der Hauptstadt?

»Wie wäre es, wenn wir jetzt einfach mal direkt mit der Suche beginnen?«, frage ich.

»Morgen, sobald die Sonne aufgeht«, versichert mir der Kommissar bemüht.

»Ihr schlaft jetzt in unserem Haus. Schluss mit dem Zelten!«, insistiert Soni und übergibt unsere Kinder an seine Tante, die zur Beruhigung einen albanischen Krimi einschaltet. Nun, der Hänger ist schnell gefunden, der Inhalt bleibt verschollen, abgesehen von unserem wertvollsten »Mitbringsel«, einem Klapprad. Das finden die Polizisten zwei Tage später in einem Dorf. Dafür verbringen wir insgesamt zwei Tage im Polizeipräsidium – erst Jens allein, dann wir alle. Rache für den vermiesten Freitagabend?

Kristina erscheint am Morgen nach dem Hängerklau überraschend in Sonis Haus. Drei Stunden Fahrt hat sie auf sich genommen, um unsere Kinder mit Obst und Süßkram für die vergangenen Strapazen zu entschädigen. Ganz investigative Journalistin löchert sie mich mit Fragen – Recherche bis ins kleinste Detail.

»Ihr wisst, dass Konsequenzen folgen?«

Mir ist so heiß, dass ich nicht mehr denken will. Schon gar nicht an gestern.

»Der Kommissar und die Polizisten sind ihre Jobs los«, fährt sie fort. Verdammt!

»Ein solches Verhalten ist inakzeptabel«, erklärt Kristina die Entscheidung aus Tirana.

Manche legen zwar die alte albanische Uniform ab, gegen die jahrelange Prägung kommen sie aber nicht an. Mag sein dass es schlauer gewesen wäre, die Polizei gar nicht erst zu bemühen. Zumal ihr Ruf ihr schon vorausgeeilt ist. Aber ich muss zugeben, dass ich mir gern selbst ein Bild mache.

»Ich will nicht, dass ihr hierbleibt. Ich bringe euch zu uns nach Gjirokaster«, entscheidet Kristina.

»Wenn Sie es wünschen, bekommen Sie Polizeischutz«, mischt sich ein Polizist ein.

Mir wird schlecht. Ich will gar nicht wissen, warum wir den brauchen könnten. Und Jens und die Kinder haben es ziemlich eilig, Kutë, die Vjosa und sämtliche gefeuerte Polizisten hinter sich zu lassen.

Unsere Paddeltour fällt zwar kürzer aus als geplant, aber die Tage in Gjirokaster werden unerwartet wunderbar. Jeden Abend sitzen wir mit unserer Gastfamilie an großen Tafeln, üppig bestückt mit lokalen Köstlichkeiten. Frieda und Hannah kleben förmlich an Aurel. »Wir haben den hellsten Stern am Himmel nach dir benannt. Und immer, wenn wir den sehen, denken wir an dich«, säuseln sie ihm zu. Den Ärger an der Vjosa haben sie zwar nicht vergessen, aber mit positiven Erlebnissen überlagert. Und Kristina,

Aurel und Sophia sorgen dafür, dass unsere Kinder der vermasselten Paddeltour keine Träne nachweinen.

Eines lasse ich mir trotz aller Turbulenzen nicht nehmen. Wir haben die Vjosa von ihrer Quelle in Nordgriechenland bis nach Albanien »verfolgt«. Jetzt muss ich dem schönsten aller Balkanflüsse noch Lebewohl sagen an der Stelle, an der er in die albanische Adria mündet. Es wird für mich der emotionalste Moment unserer Reise.

Wer sieht, wie ein Fluss im wilden Gebirge als Rinnsal geboren wird, wie er sich mit anderen Flüssen vereint und mit gesammelter Kraft tiefe Schluchten ins Gebirge schneidet, wie er den Müll der menschlichen Zivilisation klaglos aufnimmt und fortträgt, wie sein Wasser abgepumpt und auf Felder transportiert, sein Sediment zum Häuserbau illegal abgebaut wird – wer also einen Fluss von seiner Geburt bis zu seinem leisen Sterben begleitet, der entwickelt zwangsweise eine zarte Ehrfurcht vor diesem Wesen. Über ein Bett aus Müll gleitet die Vjosa auf ihren letzten hundert Metern vor der Adria dahin. Vermutlich wird auch der Inhalt unseres Hängers irgendwann dazu beitragen, dass der Müllberg an der Mündung weiter wächst. Lange Trübsal blasen kann ich nicht. Mio, Hannah und Frieda springen in die Wellen. Eine albanische Familie hat am Strand ihr Tagescamp aufgeschlagen, umgeben von leeren Dosen, Flaschen, alten Schuhen, Plastikbechern.

»Your children?«, fragt der Familienvater.

Ich nicke und wische verräterische Tränen weg.

»So viele Kinder. Herzlich willkommen in Albanien!« Seine Frau winkt meine ganze Familie zusammen, serviert uns Melone, frischen Saft, eingelegte Auberginen, frische Tomaten. Alles aus dem eigenen Garten, erklärt sie stolz.

»Gefällt euch Albanien?«, will sie wissen.

Ich muss nicht lange überlegen. »Sehr sogar!«

»Dann kommt ihr wieder zurück?«

Auf jeden Fall. Die Paddeltour will beendet werden. Aufgeschoben ist schließlich nicht aufgehoben.

Falls ich den Anschein erweckt haben sollte, dass jede unserer Reise-Turbulenzen mit einem Plus auf dem Konto der positiven Erinnerungen endet: Dem ist nicht so. Es gibt immer wieder Momente, da frage ich mich ernsthaft, warum wir nicht einfach mit unseren Kindern zu Hause bleiben. Statt Strand und Meer eine Dauerkarte fürs lokale Freibad, anstelle von mühsam erarbeiteten Erlebnissen eine Sammlung BBC-Dokus für den übergroßen Flachbildfernseher.

Die Antwort habe ich mir und Ihnen natürlich längst gegeben.

Die Dödels unterwegs – da hilft nur Humor

»Was für ein Leben!«, seufzt die Dame im Publikum nach unserer Lesung. »Beneidenswert!«

Stimmt. Um die Welt tingeln, seinen Lebensunterhalt schreibend verdienen, begleitet von den eigenen vier Kindern, das ist zweifellos ein Traum. Doch manchmal auch ein Albtraum. Denn nicht alles, was glänzt, ist Gold. Oder: Jede Medaille hat zwei Seiten. Und unsere Reisefamilie hat zwei Gesichter.

Das eine haben Sie bereits kennengelernt. Reisen nach dem Motto: »Nicht fragen, ob etwas geht, sondern wie wir es möglich machen können.« Das klappt erstaunlich gut und häufig. Und dann gibt es Tage, an denen stellen wir uns so dämlich an, dass wir nur noch über uns selbst lachen können. Tage, an denen alles schiefgeht und nur ein einziges Mittel hilft: Humor mit einer ordentlichen Portion Selbstironie und Zynismus!

Scheitern ist erlaubt und kann unter Umständen extrem lustig sein, wenn man sich selbst nicht immer allzu ernst nimmt. Unterwegs haben wir deshalb immer unser Alter Ego im Gepäck. Eine Familie, die ab und an mit abstrusen Tricks die Bühne für sich erobert und auf die wir im Notfall alles schieben können: Familie Dödel.

Flughafen Frankfurt. Das Gepäck ist eingecheckt, und wir trödeln Richtung Sicherheitskontrolle. Genug Zeit haben wir. An einem Infostand vom Zoll stehen zwei Beamtinnen hinter einem Tisch, auf dem allerlei ekelerregende Exponate aufgereiht sind: getrocknete Echsen, ausgestopfte Papageien, ein totes Gürteltier. Eine winzige Schlange nimmt in einer Flasche ein Schnapsbad, Tigerkrallen liegen neben Südsee- muscheln. Endlich bleibt mal jemand stehen, denken sich die Zollbeamtinnen wahrscheinlich, als unsere Kinder mit weit aufgerissenen Augen diese grauenhaften Mitbringsel anstar- ren. Ich dränge weiter, aber Mio kann sich noch nicht losrei- ßen von den vor ihm ausgestellten Beweisen menschlicher Unmenschlichkeit. Ich nicke zu den Ausführungen der Damen und erkläre Mio, warum diese »Mitbringsel« nicht nur juristisch gesehen illegal sind, sondern vor allem aus ethischen Gründen absolute Scheiße (natürlich anders formuliert).

Ein paar Cowboystiefel aus Schlangenleder haben es unse- rem Sohn besonders angetan. »Dafür sind bestimmt einige Schlangen gestorben!«, erkläre ich mit dramatischer Tonlage, und diesmal nicken die Zollbeamtinnen.

»So wie für dein Portemonnaie, oder?«, fragt Mio ganz unschuldig.

Jetzt werde ich fassungslos gemustert.

»Besitzen Sie ein Portemonnaie aus Schlangenleder?«, fragt die eine Dame.

Ich überlege, was genau Mio damit meint, und merke selbst, wie ich zu stottern beginne. Jana Steingässer ist offensichtlich schon zur Passkontrolle vorausgeeilt. Nur noch mein Alter Ego, Frau Dödel, steht sprachlos am Infostand.

»Ach das, ja … das hat mir mein Sohn geschenkt«, versucht sie ihr Ansehen zu retten. Als ob das die Situation auch nur einen Deut besser machen würde. (Tatsächlich hatte Mio mir zum Muttertag ein Portemonnaie geschenkt, das er aus den »Wegwerf«-Kisten seiner Uroma gerettet hatte. Voller Stolz hatte er mir dieses Ungetüm überreicht. Meine erste Idee damals: weg mit diesem ekligen Ding. Ab in den Müll. Dann taten mir die Schlange und mein Sohn leid. Warum das Portemonnaie entsorgen? Wäre das nicht erst recht das Gegenteil von Wertschätzung gegenüber dem sinnlos beendeten Tierleben, und auch gegenüber Mio? Die Moralpredigt hatte er sich trotzdem anhören müssen. Jetzt war er bestens aufgeklärt.)

»Sie wissen schon, dass Sie solche Produkte nicht einführen dürfen?«

»Ja, aber, das habe ich doch gar nicht. Das Ding ist uralt, ein Familienerbstück, sozusagen.« Frau Dödel wird rot.

»Aha!«, sagt die eine. Und denkt vermutlich: Wer's glaubt, wird selig.

»Nehmen Sie mal diese Infobroschüre mit«, sagt die andere.

Frau Dödel schnappt sich den Flyer und ihren Sohn und rennt mir hinterher zum Sicherheitscheck. Schade, dass sie mich noch erwischt. Ich hätte wirklich gern mal eine Reise ohne sie gemacht.

Grenzsituationen haben immer auch etwas Gutes: Sind sie überwunden, fühlt man sich innerlich gestärkt.

Jens hat das schon allzu wörtlich genommen und sein Alter Ego dabei in einen furiosen Versuch geschickt. Die Ausgangsfrage: Wie entkommt man trotz Staatsbeleidigung einer chinesischen Gefängnisstrafe? Die Versuchsanordnung: ein Grenzposten zwischen Tibet und Nepal (Zhangmuzhen, Tibet, das seit dem Erdbeben 2015 komplett evakuiert ist – ohne Pläne für einen Wiederaufbau), ein chinesischer Grenzbeamter an der Passkontrolle, Herr Dödel in der Warteschlange, bei dem Versuch, das Land zu verlassen. Angsteinflößende Grenzbeamte teilen an die Wartenden in der Schlange ein grünes Formular aus.

»Das habe ich doch schon längst. Sogar ausgefüllt«, erklärt Herr Dödel, aber sein Protest verhallt ungehört.

Wie vertreibt man sich die Wartezeit in der Schlange an der Passkontrolle? Zum Beispiel durch das Basteln eines Papierfliegers. Gedankenverloren macht Jens' Alter Ego genau das und steht plötzlich erstaunlich schnell an erster Stelle der Schlange, direkt am Schalter.

»Documents!«, herrscht ihn der Beamte an.

Herr Dödel will ihm den Pass und das ausgefüllte grüne Formular reichen. Ups, erst mal unnötigen Kram ablegen! Den Papierflieger zum Beispiel.

»Was ist das?«, will der Chinese auf Englisch wissen.

»Ein Flugzeug aus Pap–«, setzt Herr Dödel an.

»Dieses Dokument ist Eigentum der Volksrepublik China. Sie haben mutwillig chinesisches Eigentum zerstört!«, donnert der Beamte. Eine Horde Uniformierter eilt herbei.

»Was haben Sie gemacht? Sind Sie verrückt?«, mischt sich der Dolmetscher ein. »Halten Sie jetzt einfach nur den Mund

und lassen Sie mich reden!«, kommandiert er. Mit beschwichtigendem Tonfall versucht er, die aufwallende Empörung gering zu halten. Immer mehr Menschen eilen herbei. Herr Dödel ist ja nicht ganz auf den Kopf gefallen. Er grübelt, wie er eine Eskalation des Konflikts verhindern kann. Vielleicht, indem er einfach schnell wieder alles rückgängig macht? Vorsichtig nimmt er den Flieger, entfaltet ihn und streicht ihn vor den Augen der aufgebrachten Chinesen glatt.

Der Chef der Behörde eilt herbei, stellt sich hinter seinen Kontrolleur, beobachtet die Szene und ordnet an: »Lasst ihn gehen.« Ja, ehrlich, die lassen Herrn Dödel einfach gehen! Das ist das Gute an unseren Alter Egos, den Dödels: Sie haben definitiv mehr Glück als Verstand. Ich für meinen Teil verstehe gut, warum der Oberboss am Grenzposten von Zhangmuzhen Jens' Alter Ego die Ausreise trotz Staatsbeleidigung genehmigt. Dödels können echt die Pest sein. Je schneller man sie wieder los ist, desto besser.

Eigentlich müssen wir gar nicht so weit reisen, um uns als chaotische, zuweilen gesellschaftsunfähige und weltfremde Bande zu präsentieren. Manchmal reicht schon ein Ausflug mit Bus und Bahn in den Norden Deutschlands.

Klimahaus Bremerhaven. Unsere Kinder sind überschwänglich begeistert von der Weltreise, die sie im Klimahaus machen können: von der Schweiz über Sardinien bis in die Gluthitze des Niger und in den feuchten Regenwald Kameruns, in die eiskalte Antarktis und weiter nach Samoa, St. Lawrence Island (Alaska) und schließlich nach Langeneß, einer Hallig bei den nordfriesischen Inseln. Alles an einem Tag. Voller Eindrücke und Ideen erreichen sie einen der letzten Räume der Ausstellung. Eine Hallig in Miniaturformat, die die

Zuschauer betreten dürfen. Die Idee: Beim Warten kommt die Sturmflut immer näher, bis nur noch ein Bruchteil der Insel »trocken« ist. So fühlt man sich als Mensch, wenn das Land vom Meer »gefressen« wird.

Wie die Sache begann, kann ich nur vermuten, denn mein Alter Ego kam erst dazu, als das Chaos schon perfekt war.

Mio: »Ich ziehe mal besser Schuhe und Socken aus.«

Frieda: »Jaaa! Ich auch. Und ich krempele meine Hose hoch.«

Hannah: »Ich ziehe sie ganz aus!«

Hosen fliegen Richtung Schuhe. Das ist der Zeitpunkt, an dem die Dödels die Bühne, oder genauer gesagt die Hallig, betreten.

»Dann können wir uns gleich ganz ausziehen«, findet Frieda.

»Wollen wir schwimmen gehen?«, fragt Hannah ihre Geschwister.

Ich springe über die Sturmflut auf die Hallig, um Schlimmeres zu verhindern, und lande mit einem lauten Platscher in der Nordsee. Schuhe nass, Strümpfe nass, Hose nass. Wenn selbst die Mutter sich ins Wasser traut, dann erst recht die Kinder. Ein bisschen Spaß wird ja wohl erlaubt sein. Frieda ist die Erste, die komplett im flachen Wasser verschwindet. Mittlerweile sind einige andere Gäste »auf Langeneß« angekommen. Vor allem Kinder, die dem Beispiel der Dödels spontan folgen.

»Komm sofort da raus. Wie kommst du denn auf so eine bescheuerte Idee?«, fährt ein Vater seinen Sohn an. Ist eh schon zu spät, das Kerlchen ist nass.

»Die machen das doch auch«, verteidigt sich der Junge mit Blick auf unsere Kinder.

»Sorry!« Mein Alter Ego neigt in Stresssituationen zur Verwendung von Anglizismen, die sie nicht gerade schlauer erscheinen lassen. »Raus da jetzt!«, ruft Frau Dödel ihren Kindern zu, um wenigstens vor den anderen Eltern nicht als völlige Loserin dazustehen. Mittlerweile hat die Sturmflut ihren Rückzug begonnen. Langsam sinkt der Wasserpegel in der simulierten Nordsee um die winzige, künstliche Hallig wieder. Zurück bleibe ich, durchgeweicht bis über die Knie, mit drei Kindern in klatschnasser Unterwäsche. »Wir sind die Dödels!«, möchte ich am liebsten allen zurufen, die lachend an uns vorbeigehen. »Bei uns ist das normal.«

Ja, die Dödels sorgen des Öfteren dafür, dass wir uns zum Gespött machen. Egal was ich auch versuche, sie loszuwerden: Die Dödels schaffen es wirklich immer wieder, uns zu folgen. Ihr großer Auftritt kommt immer genau dann, wenn wir es am wenigsten erwarten.

Kapstadt, Südafrika. Wir sind mit dem Auto unterwegs zum Cape Point im Süden der Kap-Halbinsel. »Beware of Baboons«-Schilder warnen vor Horden marodierender Paviane, die uns nichts ahnenden Reisenden völlig harmlos erscheinen. Was soll die ganze Aufregung? Die Dödels sitzen mit im Auto und überreden uns, an einem ganz besonders atemberaubenden Strandabschnitt sämtliche Warnhinweise zu ignorieren und wenigstens kurz aus dem Auto auszusteigen, um die Aussicht zu genießen. Dass plötzlich Vorbeifahrende hupen, wild aus ihren Autos heraus gestikulieren und auf unser Auto deuten, verunsichert uns nur ganz kurz. Wieder sind es die Dödels, die uns zur Vernunft bringen. »Ist doch alles in Ordnung mit dem Auto. Lasst die Angsthasen einfach vorbeifahren!« Ja genau! Wir sind ja auch nicht von gestern und haben natürlich die Türen geschlossen (nicht verschlossen!) und die Fenster hochgefahren.

Die Dödels sind einfach verdammt lässig. In aller Ruhe schießen wir ein paar Fotos, und Frau Dödel schlendert schon mal zum Auto zurück. Immer noch gestikulieren Menschen wild, und jetzt beginnen sie zu lachen. Frau Dödel öffnet die Tür, um sich hinter das Lenkrad zu setzen, und wirft dabei einen flüchtigen Blick auf die Rückbank. »Verflucht, das gibt's ja wohl nicht!«, schreit sie, jeglicher Fassung beraubt. Auf der Rückbank sitzt ein blinder Passagier. Haarig von Kopf bis Fuß und mit Eckzähnen so lang wie ein Zeigefinger, die er freundlicherweise auch gleich in voller Schönheit präsentiert. Der Pavian hat es nicht nur fertiggebracht, die Autotür unbemerkt zu öffnen, sondern auch noch, sie hinter sich zu schließen. Jetzt sitzt er auf der Rückbank und futtert genüsslich die Papaya, die Frau Dödel gerade für das Mittagspicknick gekauft hatte.

Während sie wieder aussteigt und hastig die Autotür zuknallt, werden um sie herum Handys gezückt. So dumm muss man ja erst mal sein wie diese deutschen Touris. Aber Rettung naht. Zwei gigantisch aussehende Surfer kommen lässig auf Frau Dödel zugelaufen. Allzu gern würde sie ihre Souveränität zurückgewinnen, aber das Fauchen aus dem Auto lässt ihr im wahrsten Sinne des Wortes die Nackenhaare zu Berge stehen.

»Do you need help?«, fragen die Surfer. Ist wohl eher rhetorisch gemeint. Mit dicken Holzknüppeln bewaffnet, stellen sie sich an die beiden Hintertüren – einer rechts und einer links. Bei drei öffnen sie die Türen und verstecken sich dahinter, um dem Pavian den Fluchtweg zu eröffnen. Der denkt aber gar nicht daran, sich so einfach vertreiben zu las-

sen. Könnte doch ganz nett werden mit den Dödels! Die
Männer müssen dem Pavian ziemlich deutlich drohen, bis
der endlich, Zähne gefletscht, aus dem Auto springt. Die
Papaya nimmt er mit und auch eine braune Papptüte. Darin
ist das T-Shirt, das ich mir am Vormittag gekauft hatte. Als
Erinnerung an Afrika, mit dem Kontinent als Aufdruck.
Es könnte also sein, dass Sie am Kap einem Pavian in
Afrika-T-Shirt begegnen. Dann wissen Sie, dass Sie nicht
auf Ihre Alter Egos hören sollten und besser im Auto bleiben.

In Stresssituationen zeigt sich am allerdeutlichsten, ob man
als Paar gut funktioniert und ob man es schafft, bei aller
Unterschiedlichkeit an einem Strang zu ziehen. Das fanden
Jens und ich schon heraus, als Paula gerade mal ein Jahr alt
war und wir in Australien lebten.

Unser Landrover ist vollgepackt bis unters Dach. Kleidung,
Zelte, Essen, Windeln, Kanister voller Trinkwasser und Ben-
zin, Ersatzreifen, Werkzeug und natürlich die Kameraausrüstung. Wir sind unterwegs in der Western Desert, genauer
gesagt auf dem Gunbarrel Highway in der Nähe von Warbur-
ton. Paula ist nach ewigem Quengeln endlich in ihrem
Autositz eingeschlafen. Der Body, neben der Windel das einzige Kleidungsstück, das sie trägt, klebt feucht an ihr. Obwohl
die Klimaanlage unseres Land Cruisers tut, was sie kann, ist
die Hitze für uns kaum erträglich. Schon gar nicht die direkte
Sonne, die sich mit einer solchen Wucht in die Haut ein-
brennt, dass diese schon nach fünf Minuten unter freiem
Himmel ihre Farbe Richtung Rot wechselt. Kein Wunder,
dass in Australien an jeder Ecke Hautkliniken ihre Pforten
öffnen. Freunde in unserem Alter sind schon mit braunen
Flecken auf der Haut übersät, die ich als »Altersflecken« von

meinen Großeltern kenne. Während ihrer Kindheit gab es noch kein umfassendes Wissen über die in diesen Breitengraden besonders schädliche Wirkung von Sonneneinstrahlung. Heutzutage ist der Strand in den Mittagsstunden kinderfrei.

Die Scheiben an der Rückbank habe ich mit Silberfolie abgedeckt, damit Paula nicht durch das Glas gegrillt wird. Paulas Mittagsschlaf ist heilig. Zum einen, weil ich dann endlich eine Weile zur Ruhe komme, zum anderen weil wir »Kilometer machen« können. Gerade als ich mein Buch aufschlage, geht Jens vom Gas und lässt den Wagen langsam ausrollen.

»Was ist los?«

»Keine Ahnung! Irgendetwas stimmt nicht.« Jens steigt aus und läuft ums Auto herum – bei laufendem Motor, selbstverständlich, damit Paula nicht aufwacht und die Temperaturen nicht auf Backofenniveau ansteigen. Jens kommt mit schlechten Nachrichten zurück. Nicht nur ein Reifen ist platt, sondern gleich zwei. Weiterfahren unmöglich. Also müssen wir gemeinsam die Ersatzreifen vom Dach holen. Aber das ist leichter gesagt als getan. Wer hat denn bitte auf den Reifen die Kisten mit Ersatzkleidern verstaut und das Ganze dann mit einem Netzwerk aus Gurten und Knoten gesichert?

»Am besten, du weckst Paula schon mal!«, erklärt Jens (der im Nachhinein alles auf sein Alter Ego schiebt).

»Warum denn das? Sie ist hundemüde und endlich eingeschlafen, hier gibt es nirgendwo Schatten. Wo soll ich denn mit Paula warten, bis die Reifen gewechselt sind?«, frage ich konsterniert nach. Mein Plan: Der Motor bleibt an, ebenso wie die Klimaanlage, damit unser Kleinkind bei vierzig Grad im Schatten (den es nicht gibt) keinen Hitzeschlag erleidet.

»Auf keinen Fall. Dann beendet Paula ihren Mittagsschlaf nämlich genau in dem Moment, wenn das Auto wieder startklar ist. Wie sollen wir dann heute noch unser Fahrpensum schaffen?«, will Herr Dödel wissen.

Ich erinnere mich nicht mehr, welcher Teil von Herr Dödels Argumentation mir schlüssig erschienen war. Jedenfalls hebe ich Paula vorsichtig aus ihrer Babyschale heraus und schalte den Motor ab. Ein Regenschirm spendet uns spärlichen Schatten. Paula windet sich nörgelnd in meinen Armen.

Natürlich gehe ich davon aus, dass mein Mann so zeiteffizient wie möglich den Reifenwechsel vornimmt, damit Paula im klimatisierten Innenraum des Land Cruisers weiterschlafen kann. Eine gefühlte Ewigkeit turnt Herr Dödel auf dem Autodach herum, löst Knoten, entwirrt Gurte. Endlich scheint er gefunden zu haben, wonach er sucht. Sicher die Werkzeuge, denke ich. Nachfragen kostet mich in dieser Hitze zu viel Kraft. Aber nein, es sind nicht seine Werkzeuge. Auch nicht der Wagenheber. Selbst die Ersatzreifen sitzen noch bombenfest unter den Kisten. Herr Dödel lässt zwei Stative vom Autodach heruntergleiten.

»Braucht man die etwa zum Reifenwechseln?«, fordere ich ihn heraus.

»Hör mal. Zwei Platten, mitten in der Wüste, weit und breit sonst nichts zu sehen. Glaubst du, das lasse ich mir als Fotograf entgehen?« Herr Dödel besitzt tatsächlich die unverschämte Gelassenheit, erst mal Fotograf zu sein, bevor er als Kfz-Mechaniker tätig wird. Der Aufbau der Stative, das Ausrichten der Kameras, das Wechseln der Filme dauert annähernd so lange wie seine eigentliche Mission. Drei Stunden insgesamt, in denen ich mich hundertmal frage, was mich auf die absurde Idee gebracht hat, Paula tatsächlich zu wecken. Das Kind ist derart erschöpft, dass es schon in dem Moment einschläft, als Jens den Zündschlüssel umdreht. Weit kommen wir allerdings nicht. Denn ohne einen zweiten Satz Reifen können wir nicht ewig durch das Outback tingeln. Sodass wir bei nächstbester Gelegenheit erst mal unsere kaputten Reifen reparieren lassen müssen.

Eine halbe Stunde später kommen wir an einem Roadhouse mit Tankstelle vorbei. Diesmal traut Jens sich nicht, mir noch einmal eine Schlafunterbrechung zugunsten unseres täglichen Kilometerkontos vorzuschlagen. Paula und ich bleiben im kühlen Wagen. Ich esse wabbelige Essigpommes, Jens kümmert sich um die Reifen. Gerecht, finde ich. Nach einer Weile sind die reparierten Reifen auf dem Dach, die Kameras wieder verstaut, und Jens legt den ersten Gang ein. Da schlägt Paula die Augen auf und macht deutlich, was sie plagt: volle Windel, Hunger, Durst, Bewegungsmangel. Das war's für heute. Die Dödels packen aus – und schlagen ihr Nachtlager an einem gottverlassenen Roadhouse irgendwo im Nirgendwo auf.

Von allen Reisen, die wir unternommen haben, gibt es eine, die für mich besonders heraussticht: die bereits mehrfach erwähnte Überquerung eines Teils der Alpen, zu Fuß mit überladenen Kinderwagen. Auf der Albrecht-Route, die teilweise auf alten Schmugglerpfaden verläuft, wollen wir über die Schweiz bis nach Italien gelangen. Genauer gesagt ins Obervinschgau. Die Alpen sind der Wasserspeicher Europas. Die Flüsse, die hier entspringen, versorgen direkt oder indirekt mehrere zig Millionen Menschen flussabwärts mit Wasser. Veränderungen von Niederschlagsmustern, die sich auch auf die Massenbilanz der Alpengletscher auswirken, werden in Zukunft die Verfügbarkeit von Wasser beeinflussen.

Wir wollen uns für eine Dokumentation ein Bild machen von den Ökosystemen der Alpen, von den Gletschern und auch von den direkten Beobachtungen der Bewohner. Frieda ist gerade zweieinhalb, Hannah fünf, Mio sechs und Paula dreizehn Jahre alt, als wir in St. Anton in Österreich aufbrechen. Wir müssen für Außenstehende ein verrücktes Bild abgeben: Damit wir Zelte, Campingausrüstung, Kocher, eine Notration Lebensmittel, Kleidung, Schlafsäcke und die Kameraausrüstung überhaupt transportieren können, haben wir zwei Doppel-Fahrradanhänger dabei. Daran hat Jens zwei Longboards mit Luftreifen befestigt, auf die sich die Kinder immer wieder stellen können, wenn sie eine Pause benötigen. Außerdem, so hofft Jens, können wir damit bergab Zeit wieder gutmachen, die wir als langsame Karawane bergauf ganz sicher verlieren werden.

Insgesamt wollen wir, so der Plan, in den nächsten zwei Wochen auf diese Weise 120 Kilo Gepäck und müde Kinder transportieren. Den größten Gepäckanteil macht die Campingausrüstung aus. Die haben wir dabei, weil wir nicht voraussehen können, ob wir es mit den Kindern wirklich immer bis zur nächsten Unterkunft schaffen werden. Als alles Gepäck verstaut ist, überlassen wir den Dödels die Bühne. Herr und Frau Dödel schnallen sich die Deichseln um die Hüften und ziehen wie zwei sture Esel die Anhänger hinter sich her, durch St. Anton und dann immer weiter, schön bergauf.

Noch bevor die Dödels ihre erste Übernachtungsmöglichkeit der Tour, die Konstanzer Hütte, erreichen, gießt es wie aus Kübeln. Macht nichts, wozu gibt es Regenkleidung? Und damit die Regenkleidung am kommenden Tag auch wieder einsatzbereit ist, hängt Frau Dödel alles schön im Trockenraum der Hütte auf.

Erst als die Dödels am nächsten Tag mitten im Gebirge von einem laut krachenden Gewitter mit ordentlichem Regen überrascht werden, bemerkt Frau Dödel, dass sie wohl etwas im Trockenraum vergessen hat: ihre eigene Regenjacke. Das ist prima, wenn man noch zwei Wochen Alpenwandern vor sich hat! Zum Glück teilt Herr Dödel immer gern und überlässt seiner Frau seine Regenjacke.

Der letzte Anstieg zur nächsten Berghütte ist so steil, das Gewitter so ausdauernd, dass die Dödels einen Anhänger im Tal stehen lassen müssen, um erst einmal die Kinder warm und sicher unterzubringen. Frau Dödel würde am liebsten aufgeben. Die Alpen zu Fuß überqueren, mit so kleinen Kindern, das kann auch nur Herrn Dödel einfallen. Aber die Kinder sind Feuer und Flamme und freuen sich, als es am nächsten Tag endlich ins Tal geht nach Galtür. Schön bergab.

Herr Dödel ist wahnsinnig stolz auf seine Erfindung – die luftbereiften Boards an den Kinderwagen. Jetzt sitzen Hannah, Mio und Frieda zwischen Gepäckmassen in den Wagen, Paula und Frau Dödel stehen auf den Boards und sausen bergab. Alles super. Ein kleiner Regenschauer zwischendurch macht auch nichts. Frau Dödel hat ja wieder eine Regenjacke – die von ihrem Mann. Und der hat immerhin noch eine Regenhose. Die zieht er auch brav an, vergisst aber, sie über die Wanderschuhe zu legen. Stattdessen endet die Hose dort, wo seine Wanderstiefel am Knöchel beginnen. Optimale Strecke für das Regenwasser, das sich in Windeseile in seinen Stiefeln sammelt. Aber jetzt extra Schuhe ausziehen und Socken wechseln? Dödels sind doch nicht aus Zucker! Nein, Herr Dödel läuft einfach in nassen Stiefeln und Socken weiter.

Kurz vor Galtür muss Herr Dödel zugeben, dass seine Erfindung eine kleine Schwachstelle hat: Die Bremsen der Kinderwagen brennen durch. Für eine solche Last waren sie nie ausgelegt. »Macht doch nichts. Dann kaufen wir neue Bremsen in Galtür!«, tröstet Herr Dödel die Kinder, die so gern weiter bergab gesaust wären.

Gleich am Ortseingang steht ein Mann auf der Wiese und erntet Gras mit einer Sense. Hannah, Mio und Frieda flitzen zu ihm und lassen sich zeigen, wie das funktioniert. Herr Dödel setzt sich derweil mit schmerzverzerrtem Gesicht auf eine Bank am Wegrand.

»Irgendetwas stimmt nicht mit meinen Füßen. Ich glaube ich habe eine Blase. Oder vielleicht auch zwei!«, jammert er. Nein, Herr Dödel hat keine Blasen, er hat komplett offene Fersen, an denen das rohe Fleisch zu sehen ist. Das war's dann wohl mit der Alpenüberquerung!«, überlegt Frau Dödel laut. Aber da hat sie die Rechnung ohne ihren Mann gemacht. Wanderschuhe im Gebirge, findet er, sind doch völlig unnötig. Weg damit. Die Dinger sind eh noch klatschnass. Um eine Zwangspause, damit die Füße ein bisschen heilen können, kommen die Dödels allerdings nicht herum. Drei Tage Ruhe verordnen sie sich, und diese Zeit nutzen sie fürs Umplanen. So schwer bepackt weiterlaufen wie bisher kommt nicht infrage. Wir schicken fünfzig Kilo Ausrüstung nach Hause. Die ganze Campingausrüstung. Von nun an müssen wir unsere Tagesetappen eben ganz sicher bewältigen, um zum Übernachten die nächste Berghütte zu erreichen.

Am liebsten würde ich jetzt, nach diesem Neubeginn, die Dödels mit nach Hause schicken, aber die lassen sich nicht so leicht abwimmeln. Zwei Wandertage lang benehmen sie sich immerhin so, dass wir sie kaum bemerken. Aber dann kommt ihr Auftritt. Ihr ganz großer. Es ist der Tag, an dem wir den Fimberpass überqueren müssen. Von Anfang an ist klar: Das wird eine verdammt anstrengende Etappe und der längste aller Wandertage. Ich bin nicht abergläubisch, aber als wir am Morgen auf unseren dreizehnten Hochzeitstag mit Orangensaft in der Heidelberger Hütte anstoßen, ahne ich, was auf uns zukommen könnte.

»So wollt ihr über den Pass?«, fragen uns ein paar Mountainbiker, als wir unsere Wagen beladen. »Das könnt ihr vergessen!«

»Ach was. Das wird schon!«, versichert Herr Dödel seiner Frau. Und die Kinder der Dödels springen ausgelassen wie kleine Alpensteinböcke die verblockten Wege hinauf. Herr und Frau Dödel müssen leider jede Wegstrecke dreimal laufen: Erst die Kinder vorbringen, dann das Gepäck nachholen, dann die leeren Wagen. In der Zwischenzeit futtern die Kinder die Provianttaschen leer, ohne ihren Eltern auch nur ein Sterbenswörtchen von ihrer Plünderungsaktion zu verraten. Die Dödels brauchen viermal so lange wie erwartet, bis sie den Pass erreichen. Na ja, jetzt geht's ja nur noch bergab, und bergab können die Dödels richtig gut.

Tja, da haben sie die Rechnung aber ohne die Alpen gemacht. Die Wege sind steil, mal verblockt, mal führen sie über rutschige Schotterfelder. Als den Dödels das Wasser ausgeht, zieht Herr Dödel kurzerhand mit den Trinkflaschen zum nächsten Bach und füllt sie auf. Nun, ich hatte Ihnen schon von der biologischen Beilage im Wasser berichtet: »Da schwimmen ja Fische drin!«, quietscht Frieda begeistert, nachdem sie die Flasche zur Hälfte geleert hat.

»So ein Quatsch!«, schimpft Frau Dödel. »Doch! Bei mir auch!«, freut sich Hannah nach einem Blick in ihre Flasche. Auch Frau Dödel schraubt den Verschluss ihrer Flasche ab. Tatsächlich, das Wasser lebt. Alles voller Mückenlarven, die wie winzige Kaulquappen durch das Wasser wirbeln.

»Na ja, so weit kann es nicht mehr sein bis nach Vnà, wo die nächste Übernachtungsmöglichkeit liegt?«, versucht Frau Dödel sich selbst zu beruhigen. Von wegen. Die Dödels haben den schlimmsten Teil des Tages noch vor sich. Spät am Abend treffen sie hundemüde, ausgehungert, durstig und ziemlich übel gelaunt in Vnà ein. Zum Glück hat eine Frau Mitleid mit der Familie und nimmt sie in ihrem ganz persönlichen Paradies auf, in dem Essen besser schmeckt, Limo süßer ist, Betten weicher, Duschen wärmer und Rotwein berauschender als irgendwo sonst auf der Welt.

Frisch gestärkt und gut erholt brechen die Dödels am nächsten Tag zur nächsten Etappe auf. Bis nach S-charl liegt erneut ein ordentlicher Weg vor ihnen, aber die Dödels sind wieder bester Dinge. Einen Teil der asphaltierten Wegstrecke fahren sie mit einem Bus. Wie Helden fühlen sich Herr und Frau Dödel, als sie am Nachmittag mit einem kalten Bier auf einer Wiese neben dem Spielplatz in S-charl sitzen und ihren Mut, ihre Ausdauer und ihr Durchhaltevermögen feiern.

Eine Frau mit Kleinkind erscheint neben den Dödels. Das Mädchen zieht ab zum Spielplatz, die Frau setzt sich neben Frau Dödel in die Sonne.

»Auch mit Kleinkind unterwegs?«, fragt Frau Dödel. »Mit dem Rad oder zu Fuß?«, präzisiert sie ihre Frage.

»Mit dem Rad und einem Anhänger!«, erklärt die Frau.

Noch so eine Irre!, denkt Frau Dödel und hakt nach: »Kaum machbar mit Anhänger, oder? Zumindest über den Pass und dann runter nach Vnà!«

»Ach, halb so wild!«, findet die Frau.

»Habt ihr die Strecke von Vnà aus an einem Stück geschafft?«, will Frau Dödel wissen und hofft, dass dem nicht so ist.

Die Frau schaut sie verwirrt an. »Wir sind heute Morgen an der Heidelberger Hütte aufgebrochen und über Vnà nach S-charl geradelt.«

»Wie bitte? An einem Tag?« Frau Dödel ist entsetzt.

»Klar!«, erklärt die Frau lässig.

Neben diese Supermegaobersportlerin setzt sich ein junger Mann. »Mein Stiefsohn«, stellt die Frau ihn vor.

Frau Dödel beobachtet den jungen Mann. Durchtrainiert, ganz ohne Zweifel. Als die Frau zu ihrer Tochter auf den Spielplatz abzieht, startet Frau Dödel einen letzten Versuch, ihre Selbstachtung zu retten.

»Na, dann hast bestimmt du deine Schwester über die Berge gezogen, oder?«

»Nee!«, schnaubt der junge Mann. »Das macht meine Stiefmutter. Mein Vater und ich sind froh, wenn wir auch ohne Hänger mithalten können.«

Dödels sind, schon für sich allein genommen, eine echte Herausforderung. Aber es geht noch schlimmer. Zum Beispiel, wenn sie von Frau Dödels Zwillingsschwester, deren Mann und ihren vier Kindern begleitet werden.

Schweden. Im Naturreservat Bjuröklubb finden die Dödels und ihre Verwandtschaft einen traumhaften Platz zum Übernachten. Direkt am Meer, kein anderer Mensch weit und breit. Und dann gibt es um die Ecke auch noch eine Sauna, die gegen eine Spende genutzt werden kann. Herr Dödel und sein Schwager sichern gleich einen Zeitslot im Gästebuch und freuen sich auf den Nachmittag in der Sauna. Anders als noch am frühen Morgen ist es da allerdings alles andere als ruhig um die Dödels herum. Bei schönstem Wetter strömen wahre Massen an Wanderern durch das Naturreservat, und dann ausgerechnet auch noch Richtung Sauna. Nein, die wollen nicht mit den Dödels schwitzen, sondern am Fischkutter einkaufen, der ausgerechnet jetzt hier angelegt hat. Macht nichts, die Dödels samt Verwandtschaft bleiben bei ihrem Saunaplan.

Das Entkleiden geht noch relativ unauffällig vonstatten. Erst als Herr und Frau Dödels Schwager sich zu einer Abkühlung entschließt, gerät die Situation etwas aus den Fugen. Unbeeindruckt von der Warteschlange am Fischkutter, die direkt neben der Saunatür endet, tritt er in voller Pracht vor die Tür. So macht man das doch schließlich, wenn man in Schweden sauniert. Unter den Blicken der Wartenden stolziert er ein paar Meter über den Steg und springt dann ins Wasser. Ja, jetzt wissen alle Umherstehenden, dass deutsche Touris auf dem Vormarsch sind.

Der Nächste, der aus der Sauna kommt, ist der kleine Neffe der Dödels. Dass die Menschen alle warten, um hier Fisch kaufen zu können, findet er komisch. Das geht doch auch viel einfacher. Er läuft ein paar Meter den Strand entlang, ebenfalls unter den aufmerksamen Blicken der Fischkäufer, bückt sich, hebt etwas auf und steckt es glücklich in den Mund.

»Was isst du denn da?«, fragt Herr Dödel, gerade dampfend aus der Sauna gestiegen, seinen Neffen.

Der hält seinem Onkel und den Wartenden etwas undefi-
nierbar Verwestes entgegen. »Nur einen ganz kleinen Fisch«,
erklärt er fröhlich. »Aber ganz sicher ohne Bakterien!«

»Ich habe das auf langen Reisen gesehen«, schreibt Peter
Høeg in »Fräulein Smillas Gespür für Schnee«. »Wenn ein
Mensch abgearbeitet ist, entdeckt er plötzlich in seinem eige-
nen Inneren Landschaften aus fröhlichem Zynismus.«

Meine inneren Landschaften aus fröhlichem Zynismus
sind die Dödels. Und ja, ich gebe zu: Manchmal bringt das
Reisen mich an meine physischen und psychischen Grenzen.
Nicht nur weil ich mit vier Kindern unterwegs bin, sondern
auch weil ich mit mir selbst verreise.

Von Taka-Tuka nach Bora Bora

Walle, Regen, walle nieder,
Wecke mir die Träume wieder,
Die ich in der Kindheit träumte,
Wenn das Naß im Sande schäumte;

Wenn die matte Sommerschwüle
Läßig stritt mit frischer Kühle,
Und die blanken Blätter tauten
Und die Saaten dunkler blauten.

(Auszug aus: Klaus Groth, »Regenlied«, 1893)

»Wir haben zwei Wochen Zeit. Wohin wollt ihr fahren?«,
fragen Jens und ich unsere Kinder.

Was, glauben Sie, ist die Antwort, auf die sie sich am
schnellsten einigen? Skandinavien! Nicht nur weil unsere

Kinder Hitze ätzend finden, sondern vor allem weil sie dort etwas erleben, was sie spürbar wachsen lässt. Als Laie bezeichne ich es als das Pippi-Langstrumpf-Phänomen. Psychologen und Pädagogen nennen es Selbstwirksamkeit. Es bezeichnet das sich entwickelnde Bewusstsein von Kindern dazu, welche Handlungen sie selbst und mit Wirkung durchführen können, um ein Ziel oder ein erwünschtes Ergebnis zu erreichen. Also wie sie ihre eigenen Kompetenzen und Ressourcen einsetzen können, um etwas in ihrer Umgebung zu »bewegen«. Das Konzept der Selbstwirksamkeit geht auf die Lerntheorie von Albert Bandura aus den 1970er-Jahren zurück und ist heute vielleicht aktueller denn je.

Während unseres Aufenthalts in der Sommerhütte unserer Freunde Jens und Marianne in Frøshaug bei Oslo werden unsere Kinder so selbstständig, dass wir sie oft stundenlang gar nicht zu sehen bekommen. Gekocht wird, wenn das Wetter es zulässt, vor dem Haus über offenem Feuer. Vor dem Frühstück steht also erst einmal Holz sammeln an. Was zu groß ist, muss gesägt oder gehackt werden. Wer am Mittag im Hotpot baden und nasse Klamotten und Handtücher trocknen will, muss vorausdenken und schon nach dem Frühstück Hotpot und Sauna anfeuern. Besonders Mio ist kaum zu bremsen, wenn es darum geht, Brennholz beizuschleppen, Feuer zu entfachen und für sich und die Familie das Wasser zu heizen.

Schon als Fünfjähriger verbrachte er mit seinen Großeltern vier Wochen in der norwegischen Einöde und war, als er zurückkam, kaum wiederzuerkennen. Voller Stolz berichtete er uns, dass er allein, aus eigener Kraft, mehrere Bäume gefällt und zu Brennholz zerkleinert hatte. Er hatte erfahren, dass er selbst in der Lage ist, Holz zu organisieren um damit Energie fürs Kochen und Heizen zu erzeugen.

Wenn in Frøshaug der Magen knurrt, ziehen die Kinder los mit Körben und Taschenmessern. Stundenlang tingeln sie durch den Wald und suchen mit einer Engelsgeduld, die sie zu Hause manchmal vermissen lassen, Pilze, Blaubeeren und Moltebeeren. Pilze werden dann akribisch geputzt und über dem Feuer gebraten. Dass hier mal ein Krümelchen Erde mit im Topf landet oder ein winziges Holzstück, stört dabei keinen großen Geist. Während die Kinder sich zu Hause über das buchstäbliche Haar in der Suppe aufregen, weht hier ein ganz anderer Wind. Schließlich haben sie selbst erlebt, wie viel Energie sie aufwenden müssen, um zu einem ordentlichen warmen Essen aus Pilzpfanne und Blaubeerpfannkuchen zu kommen. Voller Stolz zeigen sie ihre gefüllten Körbe, führen uns an besonders gute Pilzstellen, die sie ganz allein entdeckt haben, und wissen um den Wert der gesammelten Moltebeeren, die so mancher Skandinavier mit Gold aufwiegen würde.

Ein etwas unangenehmes Geständnis meinerseits steht an: Ich bin mitunter pedantisch-pingelig und habe mit meinem Ordnungs- und Sauberkeitsfimmel schon so manches Familienmitglied in den Wahnsinn getrieben. Ein positiver Aspekt an Reisen mit Kindern zu Orten wie Frøshaug ist, dass auch mir ganz egal ist, ob die Kinder zwei Wochen hintereinander dieselbe dreckige Hose tragen, ob sie nach Lagerfeuer riechen (ich kann den Geruch von Feuer eigentlich nicht ausstehen) oder ob beim Holz sammeln, Pilze suchen, Beeren verarbeiten Missgeschicke passieren, die deutliche Spuren hinterlassen. Hier können die Kinder sich im freien Raum erproben, Dinge selbst in die Hand nehmen und wachsen, indem sie scheitern und einen neuen Versuch starten, bis sie die Erfahrung machen, mit ihren Handlungen das gewünschte Ergebnis zu erzielen.

Die gute Nachricht ist, dass dazu keine Reise zu weit entfernten Zielen nötig ist. Auch zu Hause und im Alltag können Kinder diese Selbstwirksamkeit erleben, wenn wir als Eltern ihnen den nötigen Raum dafür geben. Reisen bieten durch die zahlreichen nicht alltäglichen Situationen und Herausforderungen einfach in kurzer Zeit eine Vielzahl von Möglichkeiten, bei denen Kinder ihre Selbstwirksamkeit erleben können.

Schon als Fünfjährige durfte ich gemeinsam mit meinen Geschwistern Mittagessen kochen (vor allem wenn mir das, was unsere Mutter gekocht hatte, als ungenießbar erschienen war). Es gab keine Vorschriften für die Zutaten. Die Mischungen, für die wir uns entschieden, müssen unserer Mutter die Haare zu Berge stehen gelassen haben, aber sie mischte sich nie ein. Einzige Vorgabe: kleine Mengen kochen, und das, was wir kochen, muss wenigstens probiert werden. Was ich daraus gelernt habe, ist, dass ich auch ohne Kochbuch und mit minimalen Zutaten wie Tomaten und trockenem Brot oder Reis, Zimt und Bananen ein passables Essen zaubern kann, egal ob auf dem Campingkocher in der Kalahari, über offenem Feuer im eigenen Garten oder in einer arktischen Expeditionsküche. Nur unser Versuch, in Tansania aus einer Ananas, etwas Tomatenmark, Milchpulver, getrocknetem Oregano und Margarine ein Essen zu kochen, schlug so spektakulär fehl, dass wir noch heute darüber lachen.

Wenn ich mir verdeutliche, wie tolerant meine Mutter mit unseren Selbstversuchen umgehen konnte, beschließe ich, mir eine Scheibe von dieser Gelassenheit abzuschneiden. Eine regelmäßige Einrichtung in unserem Haus war beispielsweise der Kinder-Eltern-Tauschtag. Einen Tag lang schlüpften wir in die Rolle der Eltern, und unsere Eltern durften einen Tag Kinderleben genießen. Am Morgen übergab unsere Mutter uns das Haushaltsgeld für den Tag und überließ uns unserem Schicksal. Jede anstehende Entscheidung durften wir selbst treffen – und auch die Konsequenzen tragen. Was kaufen wir ein? Geben wir unser ganzes Geld für Eis aus, oder gehen wir dann hungrig durch den Tag? Schaffen wir es, alle Tiere allein zu versorgen? Wann schicken wir unsere »Kinder« ins Bett, und wie nutzen wir die Freiheit eines unendlich erscheinenden Abends in einem winzigen Dorf im Odenwald? Das ging so weit, dass ich meine Mutter an einem unserer Tauschtage ernsthaft aufforderte, mir ihre Zigaretten zu überlassen. Ich kann nicht älter als sieben Jahre alt gewesen sein, als ich, meine Mutter nachahmend, eine Zigarette aus dem Paket zog und anzündete. Natürlich reichte schon der latente Geschmack auf der Zunge, und die Fluppe flog in hohem Bogen in den Müll.

Ab und zu passiert es auf Reisen, dass eines unserer Kinder ganz klar und deutlich sagt: »Das traue ich mich nicht!« Paula beispielsweise hatte viele Jahre lang Angst, über Brücken zu gehen. Selbst das beste Zureden half nicht. Erst als ihre Großmutter mit ihr mehrere Stunden am Anfang einer Brücke ausgeharrt hatte, schlug die Oma vor, die verängstigte Laetitia (Paulas zweiter Vorname) zurückzulassen und die mutige Paula vorausgehen zu lassen. Ein einfacher Trick, der Wirkung zeigte. Paula konnte sich überwinden, erste zaghafte Schritte zu unternehmen, und machte dabei die Erfahrung, dass sie tatsächlich in der Lage war, die gefürchtete Brücke endlich zu betreten. Noch viele Jahre danach hat Paula sich diebisch über den Gedanken gefreut, dass »Hosenschisser-Laetitia« immer noch an der Brücke steht und sich nicht zu gehen traut.

Selbstwirksamkeit erleben heißt auch, klar und deutlich Nein zu sagen und dabei die Konsequenzen dieser Aussage zu spüren. Akureyri, Nordisland. Wir bestaunen antiquarische Flugobjekte im Luftfahrtmuseum. Nicht weil wir besonders begeistert sind von dieser Art der Fortbewegung, sondern weil wir einer Einladung gefolgt sind. Arngrímur Jóhannsson, ehemaliger Pilot und Besitzer einer Charterfluglinie, hat uns in Grönland seine Visitenkarte zugeschoben. Jens und ich wollen ihn vor allem deshalb wiedersehen, weil er sich mit geopolitischen und juristischen Fragen im arktischen Raum befasst, die durch die Auswirkungen des Klimawandels immer wichtiger werden. Wem gehört eigentlich das ganze heiß begehrte Zeug, das unter dem Meereis lagert? Wer entscheidet, ob diese gefragten Rohstoffe geborgen werden dürfen? Und können eigentlich Umweltrecht, die Rechte indigener Bevölkerung und wirtschaftliche Interessen sinnvoll miteinander verbunden werden?

Arngrímur begleitet seit Jahren Wissenschaftler aus der ganzen Welt, die Veränderungen der Gletscher dokumentieren. Und er lässt es sich nicht nehmen, uns persönlich durch sein Museum zu führen, und kommt, angefeuert durch die strahlenden Augen unseres Sohns, auf eine Idee: uns direkt zu zeigen, wovon er eigentlich spricht. Ein Telefonat und einige Anweisungen auf Isländisch später geht es los. Arngrímur deutet auf ein kleines Wasserflugzeug, das wir mit ihm vor die Tür schieben. Ich stehe immer noch auf dem Schlauch, als Paula mich entsetzt ansieht und sagt: »Auf keinen Fall fliege ich da mit!«

»Ich auch nicht«, bestätigt Hannah.

»Dann bleibe ich auch da. Das Ding kann bestimmt gar nicht richtig fliegen«, mutmaßt Mio.

Kein Zureden Arngrímurs hilft. Die Kinder bleiben standhaft. Jens versucht es mit Humor: »Für Notlandungen sind doch Holzpaddel an Bord.« Der Schuss geht eher nach hinten los. Sollen wir die Kinder jetzt so lange weichklopfen, bis sie doch klein beigeben und ins Flugzeug steigen? Aber was für eine Lehre wäre das? Nein heißt Nein. Und an diesem Nein habe ich nicht den geringsten Zweifel. Die Kinder werden den Boden nicht verlassen.

»Gut, dann bleibt ihr eben hier. Wir sind in einer Stunde wieder da«, erklärt Jens. Paula, Mio und Hannah sehen etwas verdutzt aus. Mit so wenig Gegenwehr haben sie anscheinend nicht gerechnet. Nur Frieda lässt sich die Gelegenheit nicht entgehen und flitzt vor uns in das winzige Flugzeug.

Ich bin immer wieder erstaunt, wie einfallsreich Kinder sind, wenn es darum geht, ein gewünschtes Ziel zu erreichen. In Schweden hatte Mio es sich in den Kopf gesetzt, angeln zu gehen. Jens und ich haben nicht die geringste Ahnung, welche Ausrüstung dafür nötig ist oder wie man einen eventuell gefangenen Fisch professionell tötet. Ganz zu schweigen davon, dass wir ohnehin jeden Fang lieber wieder zurücksetzen und ihn vor einem Ende in der Bratpfanne bewahren. Mio, zu der Zeit sieben Jahre alt, hat eine Mission: ein Abendessen für die Familie selbst organisieren. Zur Not eben ohne die Hilfe der ahnungslosen Eltern.

Am Ufer beobachtet er mehrere Tage lang einen älteren Jungen, der erfolgreich auf Beutezug geht. Vom Auswerfen der Angel über das Einholen, das Entfernen der Fische vom Haken, das schnelle Töten bis hin zum richtigen Ausnehmen weiß der Junge ganz genau, was zu tun ist. Mio nimmt irgendwann all seinen Mut zusammen und spricht den Jungen an, der ihm sofort großzügig Tipps zu Ködern gibt und ihn auch noch mit Equipment versorgt. Als Mio mit seiner Angel sechs Makrelen hintereinander fängt, kann er sein Glück kaum fassen. Unser Sohn kommt mit stolzgeschwellter Brust (und das meine ich genau so) zu uns und stellt einen Eimer mit dem Fang vor uns ab. Auch wenn wir ihn nicht unterstützen konnten – Mio hat an sich geglaubt und sein Ziel erreicht.

In Grönland gehen Mios Angelversuche tatsächlich in das kollektive Familiengedächtnis ein. Es ist Winter. Wie viele Familien der kleinen Inuit-Siedlung will auch Mio an einem sonnigen Tag am Eisloch fischen gehen. In dem winzigen Supermarkt kauft er von seinem Taschengeld Angelhaken und schneidet sich ein Stück Kordel aus Jens' »Überlebenspaket« ab. Fehlt nur noch der Köder! Warum nicht mal ein Stück getrocknete Aprikose dafür nutzen? Stundenlang hockt Mio an einem Eisloch, taucht geduldig die Kordel mit der auf den Haken gespießten Aprikose in das eiskalte Wasser. Nichts beißt an. Obwohl er die Männer genau beobachtet, sie nachahmt und irgendwann auch die Aprikose gegen ein Stück Fleisch austauscht, bleibt der erwünschte Erfolg aus.

Im Jahr darauf, als wir zurückkehren, erinnert sich Mio, dass er noch etwas zu erledigen hat. Diesmal hat er eine kleine Angel nach Grönland mitgebracht und ist ganz sicher, endlich erfolgreich zu sein. Wir wandern aus der Siedlung Tinit heraus tief in den Fjord. Es ist ein fantastisch sonniger Tag. Die Felsen der Bucht sind warm. Paula, Hannah, Frieda und ich setzen uns neben Mio und beobachten die vorübertreibenden Eisberge. Plötzlich zieht etwas an Mios Schnur. »Ich habe was gefangen!«, schreit er und klingt fast schon erschreckt. Er holt die Angel ein, und tatsächlich: An seinem Haken zappelt ein Wesen, das wie ein kleiner Drachen aussieht und von den Grönländern als »Suppenfisch« bezeichnet wird. »Da ist ja nix dran. Den setze ich wieder rein«, erklärt er fachmännisch. Also raus mit dem Haken und zurück mit dem Fisch ins Wasser. Wieder wirft er die Angel aus, und wieder dauert es nur wenige Minuten, bis er Zug auf die Schnur bekommt. »Das ist derselbe Fisch!«, entrüstet sich Mio, als der kleine Drache erscheint und kurz danach wieder im Wasser verschwindet. Mio wirft zum dritten Mal die Angel aus.

Was dann passiert, kann ich nur ungenau wiedergeben, weil mich das Erlebnis im ersten Moment vor Schreck erstarren lässt. Ich erinnere mich noch, dass vor uns plötzlich ein riesiger Berg auftaucht. So nah, dass wir ihn beinahe berühren können. Paula ist die Erste, die kapiert, was vor sich geht. »Das ist ein Wal!«, ruft sie begeistert. »Das gibt's ja nicht. Direkt vor uns!«

Mio wird blass. »Mama! Hilfe, ich habe einen Wal geangelt!«

Wenn ich an den Moment zurückdenke, und mir Mios Selbstüberschätzung vor Augen halte, wirkt die Szene absurd lustig: Er glaubt ernsthaft, mit seiner popeligen Angel das größte auf unserem Planeten lebende Tier an die Luft geholt zu haben! Im Moment des Geschehens bin ich allerdings völlig überfordert von der unerwarteten Nähe zu diesem riesigen, wunderschönen Wesen. Nur einer verpasst diese Sensation leider: Jens ist gerade in der Siedlung, um ein Stativ zu holen, das er in unserer Hütte vergessen hatte. Mio rennt ihm aufgeregt entgegen und ruft: »Papa, jetzt habe ich wirklich was geangelt. Erst einen Suppenfisch und dann auch noch einen Wal!«

Ja, so ist es: Glaube versetzt Berge. Oder zieht Wale hoch. Meine Kindheitsheldin, nein, meine Heldin bis zum heutigen Tag, ist Pippi Langstrumpf. Dieses unbezwingbare Mädchen, das sich nie davon abbringen lässt, Dinge einfach auszuprobieren. Das nicht davor zurückschreckt, ganz eigene Wege zu gehen, wenn sie ihr Ziel erreichen will, und das auch nicht davor zurückscheut, die Logik der Erwachsenen um sie herum zu hinterfragen.

»Zwei mal drei macht vier, widdewiddewitt und drei macht neune. Ich mach mir die Welt widdewidde wie sie mir gefällt.« Selbst schwache Kopfrechner erkennen an dieser viel zitierten Pippi-Logik: Das Ergebnis stimmt, nur der Weg dorthin ist ein anderer.

Auch Pippi reist gern. Als Seeräubertochter ist ihr die Sehnsucht nach dem Vagabundenleben mit in die Wiege gelegt worden, auch wenn sie sich gleichzeitig nach einem festen Zuhause sowie Orientierung und Ordnung sehnt. Neben Pippi wirken ihre besten Freunde Tommy und Annika wie mausgraue Langweiler. Ganz klar: Daran sind auch die Erwachsenen schuld, die überall Gefahren lauern sehen und einen Fimmel für Wollunterhosen entwickeln, mit dem sie die Kinder regelrecht in die Flucht treiben. Kaum sind Tommy und Annikas Eltern verreist und die beiden mit der Hausangestellten allein, nutzen sie die Gelegenheit, Freiheit zu schnuppern. »Wir können übrigens selbst auf uns aufpassen«, erklärt Annika. »Pippi hat niemals jemand, der auf sie aufpasst. Warum können wir dann nicht wenigstens zwei Tage lang in Ruhe gelassen werden?«

Ja, warum eigentlich? Trauen wir unseren Kindern so wenig zu? Pippi ist ohnehin der Meinung, dass Kinder auch mal ganz gut ohne Helikoptereltern oder andere überbesorgte

Erwachsene auskommen: »An dem Tag, an dem ich höre, dass Kinder deswegen traurig sind, weil sie ohne Erwachsene fertigwerden sollen, an dem Tag lerne ich die ganze Plutimikationstabelle von rückwärts, das schwöre ich.«

Richtig »Farbe« bekommen Tommy und Annika, als sie mit Pippi und den Seeräubern der *Hoppetosse* nach Taka-Tuka reisen und fernab jeder Erwachsenenkontrolle kleine und große Hindernisse überwinden, Probleme lösen und Gefahren bannen. Ganz ohne Erwachsene. Die sind zwar nicht vom Erdboden verschwunden, lassen die Kinder auf Taka-Tuka aber einfach mal machen. Kein Wunder, dass sich Generationen von Kindern danach sehnen, Pippi zu sein oder wenigstens als brave Annika an Pippis Seite nach Taka-Tuka zu reisen, ins Königreich der Kinder.

Südschweden, Westküste. Wie Puppenhäuschen in einer Modelllandschaft ruhen rote Schwedenhäuser auf den Schärenfelsen. Einheimische Familien ziehen mit Picknickkörben an den Strand, Boote hinterlassen Schaumkronen auf dem leicht welligen Wasser. Unser Feuerwehrbus hat uns zufällig in der Nähe von Fjällbacka ausgespuckt. Mitten in der Nacht an einem Parkplatz. Am Morgen klettern wir die Hügel hinter dem Parkplatz hinauf zu den Überresten einer Festung und kriegen den Mund vor Staunen nicht mehr zu: Vor uns liegt ein weitverzweigtes Archipel aus Tausenden von Inseln.

»Auf die Insel will ich paddeln!« Mio hat sich eine kleine Erhebung ausgesucht.

Was? Übers Meer? Bei dem Bootsverkehr? »Ich glaube nicht, dass wir mit den Kanadiern da hinkommen!«, behaupte ich.

Aber da mache ich die Rechnung ohne Mio.

»Wir können es ja wenigstens probieren.«

»Ist das Bora Bora?«, will Frieda wissen.

»Quatsch, das ist Taka-Tuka!«, belehrt Hannah sie.

Da liegt es also, das Kinderparadies aus Astrid Lindgrens Pippi-Trilogie. Alle Kinder wollen jetzt nach Taka-Tuka. Zur Not auch ohne mich. Welches Kind braucht dort schon Eltern?

»Na gut, probieren wir's halt«, füge ich mich dem Wunsch der Kinder und schiebe meine Elternängste beiseite. Jens holt die Boote vom Bus, und die Kinder packen so viel Proviant zusammen, als wollten sie eine Woche wegbleiben. Dazu die Angelausrüstung und Handtücher und ein paar Klamotten. Man weiß ja nie. Mir ist richtig mulmig, als unsere Nussschalen zwischen den rasant über die Wellen schießenden Motorbooten in See stechen. Nee, Wasser ist nicht mein Ding. Aber Taka-Tuka ist eben eine Insel, und wenn's mir nicht passt, kann ich ja auf dem Festland bleiben.

Tatsächlich kommt das Inselchen den kindlichen Vorstellungen von Taka-Tuka ziemlich nah. Ein kleiner, feiner Sandstrand, Kletterfelsen, eine Lagerfeuerstelle, Badegumpen auf den sonnengewärmten Felsen. Wir ärgern uns, dass wir nicht gleich unsere Campingsachen mitgebracht haben.

»Wir halten es auch ohne Schlafsack und Zelt in der Nacht aus!«, behauptet Mio selbstsicher.

Nur wir Spießer-Eltern wollen uns auf so ein Abenteuer nicht einlassen. Unsere Kinder sind stinksauer. Lange Zeit zum Schmollen haben sie allerdings nicht, denn plötzlich kommt ein Piratenschiff auf uns zu. Kein Witz! Die Segel sind vom Wind gebläht, als das Schiff schnurstracks in unsere Richtung saust. Ein Mann springt in das hüfttiefe Wasser. Nicht ganz Kapitän Langstrumpf, aber sein üppiger Vollbart sieht schon mal vielversprechend aus. Nur der dicke Bauch und das Tattoo auf dem Bizeps fehlen. Ihm folgen eine Frau mit buntem Tuch um den Kopf und zwei splitterfasernackte Kinder im Alter von Hannah und Frieda. Jetzt sind wir die Einheimischen von Taka-Tuka, die vom Felsen aus die Ankunft der Piraten beobachten. Die Frau erspäht uns zuerst und winkt uns zu. Unsere Kinder flitzen zum Strand und bestaunen das Piratenlager, das hier im Nullkommanichts entsteht. Schlafplatz, Feuerstelle, Proviantlager. Ganz klar: Die wissen, was sie tun. Und sind ganz sicher keine Fremden auf Taka-Tuka.

»Hey, bleibt ihr auch über Nacht?« Die Frau stellt sich als Rhona vor. Schottin mit Schwedenfimmel, weshalb sie auch dauerhaft hier gestrandet ist. Ihr Mann Joseph ist Norweger. Kein Pirat also, sondern Wikinger.

»Das ist der schönste Platz hier im Archipel. Normalerweise sind wir ganz allein hier«, meint Joseph. Es dauert nicht lange, und unsere Kinder bekommen Verstärkung bei ihrem Anliegen, einfach auf Taka-Tuka zu bleiben. »Lasst doch die Kinder hier, und paddelt rüber, die Zelte holen«, schlägt Rhona vor.

Selbstwirksamkeit hat auch mit Mitspracherecht zu tun. Reisezeit bietet optimale Freiräume für Kinder, in denen sie, ihrem jeweiligen Alter angemessen, eigene Ideen entwickeln, einbringen und umsetzen können. Was unternehmen wir heute? Welche Ziele steuern wir an, und wie kommen wir dorthin? Was kommt heute auf den Tisch, und wie organisieren wir das? Ich gebe zu: In unserem ab und an doch etwas hektischen Alltag mit zu vielen Terminen (liegt auch daran, viel zu viel auf einmal zu wollen) fehlt uns als Eltern manchmal die Gelassenheit, die diese Mitsprache voraussetzt. In dieser Reisesituation ist das anders. Jens schlägt einen Deal vor: Heute bleiben wir noch zum Essen auf Taka-Tuka, und morgen kommen wir mit dem Campingkram zurück. Die Kinder stimmen zu – und wir sind ehrlich gesagt erleichtert. Bei uns sind die Kinder in der Überzahl, und außerdem ziemlich selbstsicher. Mal sehen, wann sie diese Tatsache gezielt einsetzen werden.

Auch wenn wir unterwegs viel Zeit in dünn besiedelter Natur verbringen, lassen sich Selbstwirksamkeits-Erfahrungen natürlich auch auf eine urbane Umgebung übertragen.

Drei Monate Leben in der Wildnis Schwedens liegen hinter uns. Die Vorstellung, ein paar Tage Stadtleben zu genießen, zieht mich magisch an, auch wenn meine Begeisterung für Städtetrips sich normalerweise in Grenzen hält. Stockholm will ich mir aber auf keinen Fall entgehen lassen. Hannah, Mio und Frieda sind allerdings nicht gerade enthusiastisch, als wir in der schwedischen Hauptstadt eintreffen. In den vergangenen Wochen haben sich weder Jens noch ich an schmutziger Kleidung, schwarzen Fingernägeln, ungekämmten Haaren oder matschigen Schuhen gestört. Jetzt, finde zumindest ich, ist es Zeit für eine Rundumreinigung, damit wir in Stockholm nicht wie bunte Hunde auffallen. Im Gegensatz zu Paula haben Mio, Hannah und Frieda nicht die geringste Lust, ihr Vagabundenleben aufzugeben und mir in die Stadt zu folgen.

»Was gibt es in Stockholm denn zu sehen?«, hinterfragt Mio meine Pläne.

»Museen, Parks, ein Königsschloss, die Altstadt mit kleinen Gässchen und Cafés und Geschäften.«

»Müssen wir das alles anschauen?« Hannah ist entsetzt. »Ich habe echt keine Lust, durch die Stadt zu laufen. Ich will nirgendwohin laufen.«

Das kann ja heiter werden. Mir wird klar: Es ist Zeit für Plan B.

»Heute entscheidet ihr Kinder, was wir uns in Stockholm anschauen. Und wir kommen mit!«

Jetzt sind die Kinder sprachlos.

»Egal, wohin wir wollen?«

»Ganz egal! Jeder von euch darf sich ein Experiment überlegen. Zum Beispiel, wo wir landen, wenn wir immer nur Menschen in grünen Jacken nachlaufen.«

Experimentelles Reisen geht auf Ideen des französischen Schriftstellers und Reisenden Joël Henry zurück. Seine Intention: Reiseerlebnisse jenseits der ausgelatschten Mainstream-Touristenpfade. Für Kinder kommt noch eine ganz andere Komponente hinzu. Sie dürfen ihrer Fantasie freien Lauf lassen und erleben, welche Wirkung ihre Entscheidungen haben.

Nach einigem Hin und Her beschließen wir, in die Innenstadt zu radeln und unsere Tour am Schloss zu beginnen. Täglich findet hier mit Pauken und Trompeten die Wachablösung statt, die Mio gern erleben möchte. Frieda weiß schon, wie sie am liebsten Stockholm entdecken will: von Pfütze zu Pfütze springend! Und von denen gibt es hier nach den Schauern der letzten Tage einige. Mio beschließt, immer Menschen zu folgen, die einen Hund an der Leine führen. Immer dann, wenn ein zweiter Hundebesitzer auftaucht, folgen wir diesem.

Ich kann nicht gerade behaupten, auf diesem Weg die »schönsten« Ecken Stockholms kennenzulernen. Ganz sicher bekommen wir aber Facetten von Schwedens Hauptstadt zu Gesicht, die ich ansonsten ignoriert hätte. Aber selbst das ist an dieser Stelle nicht relevant. Wenn es Zeit ist, aus der

»unbekannten Ferne« wieder nach Hause zu finden, dürfen unsere Kinder sich selbst überlegen, wie das wohl am besten klappen kann. Busfahrer fragen, Menschen ansprechen, Umgebungskarten lesen… Natürlich unterstützen wir sie, wenn sie das möchten. Aber sie dürfen eigene Ideen entwickeln, wie sie wieder dort landen, wo sie aufgebrochen sind.

Den eigenen Komfortbereich zu verlassen hat eben auch den positiven Effekt, dass wir uns ganz anders den Herausforderungen des Alltags stellen müssen. Ständig geraten wir auf Reisen in Situationen, in denen wir uns die Frage stellen: »Und jetzt?« – Lösungen finden, ganz einfach! Die heutzutage weitverbreitete Eltern-Attitüde, die in allem (scheinbar) unbewältigbare Schwierigkeiten und (vermeintliche) Gefahren sieht, verbaut den eigenen Kindern die Chance, selbstbewusste, selbstwirksame Menschen zu werden, die auch ohne digitale Abhängigkeiten Lösungen entwickeln. Fünf Stationen Straßenbahn allein zur Schule und wieder zurück nach Hause fahren? Und der Gipfel dieser Zumutung: Sie sind dabei *offline*. Ganz ohne Smartphone!

»Aber was, wenn mal keine Bahn fährt? Dann sind eure Kinder doch völlig aufgeschmissen, auch noch ohne Handy.«

Nein, sind sie nicht. Sie finden naheliegende Lösungen. Was glauben Sie, wie stolz unsere Kinder waren, als sie diese Minireise das erste Mal allein machen durften? Und um wie viele Zentimeter sie innerlich gewachsen waren, als sie sich bei einem Bahnausfall ganz allein eine Lösung überlegt haben: zweihundert Meter zur Schule zurücklaufen und das Telefon im Sekretariat benutzen. Gute Voraussetzungen für die, die sich später in einer komplexen Welt zurechtfinden wollen.

Erinnern Sie sich an die Billionen von Verschaltungen im Hirn Ihrer Kinder? Diese Verbindungen, die durch möglichst frühe Stimulierung eine wichtige Grundlage für das spätere Leben legen? Umgekehrt funktioniert das auch. Je weniger wir stimulieren und Kinder an Herausforderungen wachsen lassen, umso kleiner machen wir unsere Kinder. Nachweislich ganz real ihr Hirn, das durch einen Mangel an Input (der nicht durch Fernsehkonsum gesteigert wird!) deutlich kleiner ausfällt als bei Kindern, die auf unterschiedlichsten Ebenen gefordert werden. Nicht durch einen dichten Zeitplan, der ihnen schon im Grundschulalter mehrere Fremdsprachen, verschiedene Instrumente und Sportarten aufdrängt, sondern durch etwas scheinbar Banales: freies Spielen!

Ich erzähle Ihnen das alles nicht etwa, weil ich der Meinung bin, dass wir unsere Kinder zu Intelligenzbestien mit Superhirnen machen müssen, um elterlichen oder gesellschaftlichen Ehrgeiz zu befriedigen. Ich finde es nur schlicht und ergreifend peinlich, meine Kinder gleichzeitig zu trimmen, zu beschränken und künstlich zu verdummen.

Welcome to South Africa – keine Reise ohne Kinder!

Kürzlich hatte ich das Vergnügen, dem bekannten deutschen Postwachstumsökonomen Niko Paech zu lauschen. Im Publikum saß eine Studentin, die eifrig schrieb und nickte und sich im anschließenden Gespräch dafür aussprach, analoge Begegnungen durch digitalen Austausch zu ersetzen. Sie forderte nicht weniger als das Ende von Gastsemestern im außereuropäischen Ausland. Warum? Natürlich weil sich dadurch Kohlendioxidemissionen so weit senken ließen, so der Gedanke, dass sie dem eben vorgestellten Rechenbeispiel des Vortragenden entsprächen. Abgesehen davon, dass die eifrige Studentin vergaß gegenzurechnen, wie energieaufwendig unsere heutigen, im Dauereinsatz befindlichen Rechenzentren, Basis unserer Kommunikations- und Informationssysteme, sind, machte mich ihr Kommentar hellhörig.

Da schlägt ein junger Mensch ernsthaft vor, Kommunikation auf den reinen Austausch von Daten zu reduzieren.

Begegnung zu ersetzen durch virtuelle Kontakte. Nur noch eindimensionale Sinneserfahrungen zu machen, die uns abkoppeln von der Möglichkeit, anderen Menschen in ihren vielfältigen Lebenswelten zu begegnen und dabei Verständnis für deren Wünsche, Ziele und Herausforderungen zu entwickeln.

Was, zum Teufel, möchte ich da fragen, ist mit den körperlichen und sinnlichen Erfahrungen, die auch Teil einer Begegnung sind? Berauben wir uns also freiwillig der Möglichkeit, uns im Spiegel des »kulturell Fremden« zu justieren und unsere Schubladen zu entrümpeln, in die wir »andere« und »anderes« nach dem Abgleich mit unseren Alltagsschablonen einordnen?

Menschenmassen, Lärm, Schweiß, Gedränge. Subtropische Hitze und der Staub einer Millionenstadt.

Seit zwanzig Stunden fahren Jens und ich, gerade das Abitur in der Tasche, mit einem Zug von Mumbai an Indiens Westküste aus in Richtung Varanasi. Überwältigt von der Fülle an Geräuschen, Gerüchen, Bildern und Begegnungen.

Ich bin erschöpft und auch eingeschüchtert von diesem Land, das ich noch nicht verstehe und das in mir ein Gefühl der Abwehr hervorruft. Wie immer, wenn ich unter Anspannung stehe, meldet sich meine Sucht. Gerade in dem Moment, als wir einen der unzähligen Bahnhöfe auf unserer Tour ansteuern. Ich hole meinen Tabak hervor, drehe eine Zigarette und durchwühle meine Taschen auf der Suche nach Streichhölzern. Mit ausgefahrenen Ellenbogen drängen Menschen in den Zug. Meine Nerven liegen blank. Wo stecken die verdammten Streichhölzer?

»Wie viel Zeit haben wir?«, will Jens wissen.

»Fünf Minuten, vielleicht auch fünfzig oder fünfhundert!«, knurre ich.

Indische Züge gehorchen einem eigenen Rhythmus, der sich mir bis heute nicht erschließt.

Jens springt aus der geöffneten Tür und verschwindet in der Menge. Für einen Moment überfällt mich Panik. Was, wenn der Zug losfährt, bevor Jens wieder da ist? Ich lehne mich so weit wie möglich aus dem Fenster und versuche, ihn zu erspähen, während ich im Kopf Notfallpläne durchgehe: mich in die Tür stellen, sodass der Zug nicht abfahren kann? Funktioniert in Indien nicht. Ein großer Teil der Passagiere fährt eh auf dem Zugdach mit oder an offene Fenster und Türen gehängt. Notbremse? Kein Durchkommen.

Als ich Jens entdecke, schreie ich so laut ich kann über die Köpfe halb Indiens hinweg. Völlig entnervt kommt er zurück. Ohne Streichhölzer.

Während sich weitere Menschen ins Großraumabteil drängen und ich mich frage, wie in Indien das Fassungsvermögens eines Zuges definiert wird, läuft ein Mann am Fenster vorbei, einen kleinen Wagen mit Samosas und grellgrünen Snacks schiebend.

»Verkaufen Sie Streichhölzer?«, ruft Jens ihm zu. Der Mann schüttelt den Kopf und lächelt. »Nein, aber ich kann Ihnen gern welche besorgen. Geben Sie mir fünf Rupien, ich bin gleich wieder da!«

Jens schaut mich überrascht an. »Soll ich?« Das Geld sehen wir nie wieder!, geht es mir durch den Kopf. Zu oft haben auf Reisen Grenzbeamte, Bahnhofsangestellte oder Taxifahrer versucht, uns einen Touribonus abzuknöpfen. Ich bin dementsprechend misstrauisch und schäme mich im selben Moment dafür. Was soll's. Es geht um ein paar Cent! Ich nicke Jens zu.

Knochige Finger greifen durch das Fenster nach den Rupien. Ohne ein weiteres Wort zu verlieren, lässt der Mann seinen Verkaufswagen stehen und zieht davon. Sein Hab und Gut, seine Existenz, einfach so hinterlassen an einem völlig überlasteten Bahnhof Mittelindiens. Ich fasse es nicht. Ist der Mann verrückt geworden? Jetzt bin ich kurz davor, aus dem Zug zu springen und den Wagen zu bewachen.

Es dauert keine fünf Minuten, und der hagere Inder steht wieder freundlich lächelnd am Fenster. Dieselben knochigen Finger halten Rupien und eine Streichholzschachtel. »Vielen Dank! Behalten Sie doch bitte das Wechselgeld!«, versuche ich mir ein besseres Gewissen zu erkaufen. Der Mann wackelt beharrlich mit dem Kopf und drückt Jens das Rückgeld in die Hand. Ich bin so verdutzt, dass ich nicht einmal mehr auf die Idee komme, ihm ein paar Samosas abzukaufen.

Den indischen Streichholzmann habe ich nie vergessen. In unserer Begegnung drückt sich die Quintessenz dessen aus, was Reisen für mich ausmacht. Ein Wechselbad der Gefühle verbunden mit der einzigartigen Chance, völlig Unerwartetes zu erleben und ehrlich zu staunen. Ein Persönlichkeits-yoga, das mich flexibel macht in meinen Meinungen, Weltanschauungen und in der Begegnung mit dem anderen. Es bietet mir und inzwischen auch meinen Kindern die schonungslose Möglichkeit, Vorurteile zu überdenken und Ängste abzubauen, die sich ansonsten in der Abwehr scheinbarer Fremdheit nicht selten zu desaströsen Mechanismen auswachsen können.

Das wahre Geschenk, das mir der hagere Inder am Bahnsteig machte, war nicht der Kauf der Streichholzschachtel. Es war die Möglichkeit, in seinem Spiegel mir selbst zu begegnen, und dabei die Chance zu bekommen, meine Wahrnehmung von der Welt zu differenzieren.

Ja, und was ist außerdem mit den Freundschaften, die in allen erwarteten und unerwarteten Momenten der Begegnung entstehen und sich wie ein Spinnennetz über Tausende von Kilometern, über die höchsten Gebirge und die tiefsten Ozeane und durch verschiedenste Lebenswelten hinweg, spannen können?

Ich denke an John und Gipsy, Jechra, Jefi, Jael und Jade. Unsere kongolesischen Freunde in Südafrika. Kapstadt: Unsere gemeinsame Reise beginnt gleich mit einer Panne. Das Auto, das unsere Freunde organisiert hatten, bleibt schon auf dem Weg zum Flughafen liegen. Wir treffen uns also stattdessen an der Schnellstraße, die vom Flughafen zur Innenstadt führt. Am Seitenstreifen, dort, wo Johns Familie gestrandet ist. Auf ihrem Anhänger, der aussieht wie ein rollender Käfig, stapeln sich Matratzen und Plastiksäcke. Es ist fünf Jahre her, seitdem John und ich uns kennengelernt haben. Unsere Familien sind sich noch nie begegnet. Unerwartete Zweifel plagen mich. Wir kennen uns eigentlich gar nicht. Vielleicht war das eine Mistidee?

Zeit zum Grübeln bleibt nicht. Unsere Kinder reißen die Tür auf und werden sofort von John, Gipsy, Jechra, Jefi, Jael und Jade stürmisch empfangen. Jael schnappt sich Hannah, Jefi hängt sich an Frieda, und Mio zückt seinen Ball, auf den Jade sofort anspringt. Der Seitenstreifen wird zum Picknick- und Spielplatz umfunktioniert.

»Es gibt immer einen Plan B«, versichert John nach der ersten Hiobsbotschaft: kein Mechaniker erreichbar. Aber hier, am Seitenstreifen, können wir ja schlecht bleiben?

»Wieso? Ich find's schön hier!«, meint Hannah. »Von mir aus müssen wir nicht mehr weiterfahren.«

Andere Kinder zum Spielen, ein Grünstreifen, Essen und Trinken aus John und Gypsis Auto – und die Welt ist in Ordnung. Kinder sind Meister darin, in scheinbar Unscheinbarem spannende Welten zu entdecken. Für die Zukunft nehme ich mir etwas vor: ein bisschen mehr so zu sein wie Hannah!

Wir fahren vor zu unserem ersten Campingplatz im Tsitsikamma-Nationalpark. Die erste Nacht verbringen wir ohne Johns Familie. »Alles unter Kontrolle. Der Mechaniker kommt gleich, dann machen wir uns auf den Weg«, versichert mir John am nächsten Morgen telefonisch. Bis in die Nacht warten wir aber vergeblich auf unsere Freunde.

»Wir sind auf dem Weg und am Nachmittag spätestens bei euch«, freut sich John, noch mal einen Tag später.

Sichtlich erschöpft rollt die Familie mit ihrem scheppernden Anhänger in Tsitsikamma ein.

»Wir bauen das Zelt mit auf!«, bietet Mio an.

John und Gypsi halten das Zeltbündel in Händen – und tauschen ratlos Blicke aus.

Ich verfluche mich selbst, weil ich wieder einmal gleiche Erfahrungswerte vorausgesetzt hatte. Während wir gemeinsam das Zelt aufbauen und erst die Matratzen vom Hänger holen, dann die Plastiksäcke (gefüllt mit Kleidung und Essen), fällt es mir wie Schuppen von den Augen: Schon die bloße Idee einer »Reise nur so zum Spaß« ist für die sechs Menschen vor mir völlig fremd. Und: Um das spartanische Campingleben in der Wildnis dem möblierten Viersternehotel-Luxus vorzuziehen, bedarf es überhaupt erst einmal der Wahlmöglichkeit. Ich fürchte plötzlich, Gypsi würde lieber in einem Hotel sitzen, mit Pool und Restaurant. Einmal im Leben. Auf einmal ist es mir richtig peinlich, dass wir unsere Freunde eingeladen haben zu dieser Form des Reisens. Ob sie überhaupt Freude haben an den Badesachen, die unsere Kinder für sie zusammengesucht, und den Schlafsäcken, die Jens und ich für sie organisiert haben? Aber die zart wachsende Freundschaft unserer Kinder holt mich auf den Boden der Tatsachen zurück.

»Jael, Frieda und ich gehen zum Wasser«, informiert mich Hannah. Die Mädels ziehen davon, Arm in Arm. Mio und die großen Jungs erklimmen die Felsen am Rand unseres Campingplatzes und pirschen sich an neugierige Klippschliefer heran. Alle Kinder schwärmen aus, und etwas unerwartet wird es ruhig. So ruhig, dass Gypsi und ich uns einen Kaffee im Klappstuhl gönnen.

»Hast du die Blicke der anderen Gäste bemerkt?«, will Gypsi wissen.

»Manche kommen eben nicht mit so vielen Kindern auf einem Haufen zurecht.«

»Das liegt nicht an den Kindern, sondern an unserer Hautfarbe. Schwarze machen in Südafrika keinen Urlaub! Schon gar nicht auf Campingplätzen in Nationalparks. Und erst recht nicht gemeinsam mit einer weißen Familie, mit der sie ganz offenbar befreundet sind.«

Mio und Jade kommen vorbei, schnappen sich eine Packung Kekse aus unserer Vorratskiste und zwitschern wieder davon.

»Tja – dann müssen sie es jetzt wohl lernen!«

In unserer Reportage »Die Welt von morgen« gibt es einen sehr emotionalen Moment. Wenn unsere Kinder erzählen, wie unsere Reisen sie geprägt haben.

»Wir haben soooo nette Menschen kennengelernt. Und wir haben fast auf der ganzen Welt Freunde!«, schwärmt Frieda.

»Es ist gut, dass wir so viele unterschiedliche Menschen kennengelernt haben«, findet auch Hannah. »Denn ich weiß jetzt, dass ich ihnen, wenn ich groß bin, helfen werde bei schwierigen Sachen und dass ich ihnen nicht helfen brauche bei den guten Dingen in ihrem Leben!«

Stimmt – dazu muss man keine Langstreckenflüge buchen. Aber ganz sicher werden Sie diese Erfahrungen nicht machen, wenn Sie Begegnung darauf beschränken, im stillen Kämmerlein zu chatten, skypen, facebooken, whatsappen, twittern und tweeten.

Während auch ich mich von alltäglichen Herausforderungen manchmal so über die Maßen stressen lasse, dass selbst meine Kinder die fehlende Gelassenheit ihrer Mutter belächeln müssen, verpasst Paula uns in Grönland eine Lektion. Jens und ich haben einen wichtigen Interviewtermin mit dem lokalen Energieversorger. Das Wasserkraftwerk außerhalb der Siedlung funktioniert nicht wie geplant. »Kein Wunder. Es hat einfach viel zu wenig geschneit und geregnet. Die Seen füllen sich nicht mehr ausreichend«, sagen die einen. »Fehlplanung, von Anfang an«, schimpfen die anderen. Die Techniker von Nukissiorfiit zeigen sich gesprächsbereit. Also müssen wir die Kinder unterbringen.

»Ich mache das«, bietet Paula an. »Wenn ihr nicht zu lange unterwegs seid.«

Wir versprechen, spätestens in zwei Stunden wieder da zu sein, um Paula von ihren kleinen Geschwistern zu befreien und uns dann um ein Mittagessen zu kümmern. So weit der Plan. Nur haben wir die Rechnung ohne die Techniker gemacht, die uns vor Ort und Stelle zeigen wollen, wovon sie sprechen. Vorher müssen Schneemobile geholt, Gewehre eingepackt (»We see polarbears regularly«) und Schneeanzüge übergezogen werden. Ich gebe zu: Im Eifer des Gefechts vergessen Jens und ich eine ganze Weile, auf die Uhr zu schauen. Dafür trifft mich fast der Schlag, als ich an die Kinder denke. Wir sind statt der geplanten zwei Stunden doppelt so lange unterwegs gewesen. Paula sitzt, ohne Mittagessen, mit drei kleinen Geschwistern in einer kleinen Hütte in Tasiilaq und ist bestimmt vollkommen überfordert! Ich gerate regelrecht in Panik. Schweißnass renne ich als Michelin-Männchen getarnt von der Nukissiorfiit-Zentrale bergauf, unseren Kindern entgegen. Schon beim Öffnen der Hüttentür fürchte ich Böses: Chaos, Unterzuckerung, Heulkrämpfe, Vorwürfe. Stattdessen empfängt mich: absolute Stille. Paula sitzt am Tisch und liest. Von Mio, Hannah und Frieda keine Spur.

»Es tut mir so leid!«, entschuldige ich mich. »Wo sind die Kleinen?«, schiebe ich verunsichert hinterher.

»Im Bett. Die schlafen alle!«

Keines unserer Kinder macht noch Mittagsschlaf. Zumindest nicht, wenn ich sie darum bitte.

»Aber … wie hast du das denn geschafft?«

»Also echt, Mama. Das war wirklich nicht schwer. Ich habe ihnen halt gesagt, dass wir heute Abend auf einem Geburtstag eingeladen sind, bei der Mutter von Fritz-Nick. Und dass sie länger aufbleiben können, wenn sie vorher geschlafen haben!«

»Wie, und dann sind sie einfach ins Bett gegangen? Ohne zu motzen?«

Paula nickt.

»Hattet ihr nicht tierischen Hunger?«

»Doch, schon. Ich habe Nudeln gekocht.« Paula deutet auf den Topf und das gespülte Geschirr.

Ich bin – ja, was genau? Erstaunt, aber auch ein bisschen beschämt, stolz und unsicher. Unsere zwölfjährige Tochter schafft es, ohne sichtbares Zeichen der Erschöpfung (und entgegen allen Abmachungen) drei Kleinkinder zu versorgen und zum Schlafen zu bewegen, und zwar weitaus gelassener als ich.

»Oh Mann, es tut mir echt leid. Wirklich«, entschuldige ich mich.

Aber Paula versteht meine Aufregung auch weiterhin nicht.

»Das war doch nicht schlimm. Ich finde nur, ihr solltet ein bisschen konsequenter mit meinen Geschwistern werden. Dann habe ich es nächstes Mal leichter.«

Walle Regen, walle nieder,
Wecke meine alten Lieder,
Die wir in der Thüre sangen,
Wenn die Tropfen draußen klangen!

Möchte ihnen wieder lauschen,
Ihrem süßen, feuchten Rauschen,
Meine Seele sanft betauen,
Mit dem frommen Kindergrauen.

(Auszug aus: Klaus Groth, »Regenlied«, 1893)

Vielleicht ahnen Sie es schon: Was jetzt kommt, was kommen muss, ist eine Hymne. Ein Loblied auf all die Kinder, die mutigen und toleranten, die neugierigen und abenteuerlustigen, die sich trauen, mit Erwachsenen auf Reisen zu gehen. Gehen Sie das Wagnis ein, und Sie werden sich wundern, wie reich die Belohnung sein wird.

Pippi und ihren Freunden war noch rechtzeitig ein Licht aufgegangen: »Ich will niemals groß werden«, stellt Tommy nach ihrer Rückkehr aus Taka-Tuka fest. Und Pippi gibt ihm recht: »Große Menschen haben niemals etwas Lustiges. Sie haben nur einen Haufen langweilige Arbeit und komische Kleider und Hühneraugen und Kumminalsteuern.« Und weil Erwachsene sich noch mit ganz anderen blöden Dingen herumplagen müssen, beschließen die Kinder, etwas gegen das Erwachsenwerden zu unternehmen, nämlich Krummeluspillen zu schlucken (die wie vertrocknete gelbe Erbsen aussehen) und zu schwören: »Liebe kleine Krummelus, niemals will ich werden gruß!«

Schade, dass ich niemals herausgefunden habe, wo Pippi Langstrumpf ihre Krummeluspillen herbekommt. Ich glaube, ich hätte sie geschluckt. Ganz sicher sogar. Macht aber nichts, dass ich sie nicht gefunden habe. Wenn Sie möchten, verrate ich Ihnen, was ebenso gut funktioniert. Vorausgesetzt, Sie wollen dem Einrosten von Körper und Geist, dem faden Breittrampeln existierender Pfade und Gewohnheiten entkommen, wollen Neugier über Ängste siegen lassen und der stimulierenden Vielfalt begegnen, die unsere Welt für Sie bereithält.

Fragen Sie Ihre Kinder, ob sie mit Ihnen auf eine Reise gehen!

Bereits erschienen:
Gebrauchsanweisung für ...

01/0001/24/L

01/0002/24/R

01/0003/24/L

Vietnam, Laos
und Kambodscha
von Benjamin Prüfer

Washington
**von Tom Buhrow
und Sabine Stamer**

die Welt
von Andreas Altmann

Wien
von Monika Czernin

Zürich
von Milena Moser

und außerdem ...

fürs Boxen
von Bertram Job

für die Deutsche Bahn
von Mark Spörrle

fürs Fahrradfahren
von Sebastian Herrmann

für den FC Bayern
von Helmut Krausser

für die Formel 1
von Jürgen Roth

für die Fußball-
Nationalmannschaft
von Michael Horeni

fürs Gärtnern
von Gabriella Pape

für das Internet
von Dirk von Gehlen

für das Jenseits
von Bruno Jonas

für Kreuzfahrten
von Thomas Blubacher

für das Leben
von Andreas Altmann

fürs Lesen
von Felicitas von Lovenberg

fürs Reisen
von Ilija Trojanow

fürs Reisen mit Kindern
von Jana Steingässer

fürs Schwimmen
von John von Düffel

fürs Segeln
von Marc Bielefeld

zur Selbstverteidigung
von Thomas Glavinic

fürs Skifahren
von Antje Rávic Strubel

für Tennis
von Jürgen Schmieder

für den Wald
von Peter Wohlleben

für Weihnachten
von Constanze Kleis

für Werder Bremen
von Julia Friedrichs

01/0004/24/R